换个角度教作文

——微童话教学课堂实录

陆生作　主编

浙江科学技术出版社

图书在版编目（CIP）数据

换个角度教作文：微童话教学课堂实录 / 陆生作主编. — 杭州：浙江科学技术出版社，2018.5（2020.1重印）
ISBN 978-7-5341-8153-5

Ⅰ. ①换… Ⅱ. ①陆… Ⅲ. ①作文课—课堂教学—教学法—小学 Ⅳ. ①G623.242

中国版本图书馆 CIP 数据核字（2018）第 081893 号

书　　名	换个角度教作文——微童话教学课堂实录
主　　编	陆生作
出版发行	浙江科学技术出版社 杭州市体育场路 347 号　邮政编码：310006 办公室电话：0571-85176593 销售部电话：0571-85176040 网址：www.zkpress.com E-mail：zkpress@zkpress.com
排　　版	杭州万方图书有限公司
印　　刷	三河市南阳印刷有限公司
经　　销	全国各地新华书店

开　　本	710×1000　1/16	**印　张**	14.5
字　　数	270 000		
版　　次	2018 年 5 月第 1 版		2020 年 1 月第 2 次印刷
书　　号	ISBN 978-7-5341-8153-5	**定　价**	36.00 元

责任编辑　杜宇洁　　**责任校对**　赵　艳
责任美编　金　晖　　**责任印务**　叶文炀

本书编委会

主　编　陆生作

副主编　房　璇　王佳一

编　委　徐　宏　方志明　董　瑛　魏　露
　　　　　张青青　钟宁琪　俞　赟　徐　丹
　　　　　饶静文

序言

从一线飞来的萤火

陆作家邀我作序,我答应了。一切有志于作文教学探索的,都是我的同道,我很乐意推荐。

我问陆作家,这本书是怎么出来的?

他说,是无心插柳,也是必然之果。

2011 年年末,冰波等作家开始在微博上写童话。当时,一条微博最多只能发 140 字,用一条微博写一篇完整的高质量的童话——微童话,难度不小,但八仙过海,各显神通,近些年还是出了不少好作品。这些好作品支撑了微童话作为一个新文体的存在,并滋养它壮大。国际格林奖获得者蒋风先生这样定义微童话:微童话是童话中最简短的形式。按规模、篇幅分,童话有长篇、中篇、短篇之分。近年来因社会生活节奏愈来愈快,为适应这种快节奏生活,出现了一种最简短、精练的短小篇幅童话,即微童话。

从 2011 年年末至今,陆作家自己一直在尝试写微童话,也常常出题目给小朋友们写。这期间有不少教师向他请教怎么教学生写微童话,因为学生对微童话非常感兴趣。所以,从 2016 年起,他开始出题,并作微童话教学指导。有兴趣的教师都可以拿着题目去上课,但有一个要求:教师上了课,必须如实写下课堂实录并作教学反思。于是就有了这本《换个角度教作文——微童话教学课堂实录》。这是一线教师的成果结晶,是中国第一本微童话教学课堂实录。

做第一,需要勇气与坚持。

做第一，难免稚嫩，但极可贵。

做第一，如星星萤火，闪闪发亮。

翻阅书稿，有三点令我印象深刻：

一是合作教学，模式创新。作家出题并指导一线教师上课，这属跨界合作。“作家的视角+一线的实践”，这是非常有新意的一种尝试。作家，是写作的下水者，深谙写之道；教师，是教学的实践者，懂得儿童心理。两者相加，可以起到“1+1>2”的效果。细读本书，我惊喜地发现了本书的一大亮点：教师写课堂实录，作家对课堂实录作批注。这样的互动，让课堂实录“实在”又“活泼”，内容丰富又显出思考的层次，咀嚼起来颇有余味。

二是技法实用，操作性强。作文教学不可脱离生活，但一定量的写作技法是学生练习写作的支架。陆作家归纳的五个技法：用追问找故事、给主人公找伙伴、大与小、倒着编、“误解”现象，确实是“换个角度教作文”。他更多地从思维层面解剖并指向写作，破去概念的深奥，用通俗易懂的表述，既方便教师教学，也方便学生理解与掌握，更触及了写作的本质。近来，写作教学有两大论调值得警惕：一是，只要大量阅读，作文自然会好；二是，教作文必须要认认真真教技法，作文能力和大量阅读关系不大。陆作家不是技术主义者，但他也不排斥技术。从小朋友呈现的微童话看，陆作家归纳的几个独特的方法，是卓有成效的——且，这样的方法，是一线教师不太想得出来的。好的方法，如金手指，能点石成金。

三是尊重儿童，从心出发。当下，学生习作千篇一律、千人一面是常态，也是病态。如何改变这一现状？还是要尊重儿童，从“心”出发！陆作家倡导让学生关注身边的事物，将生活与写作融在一起，用“为什么”和“怎么样”来追问，教师与学生一起解决“写什么”“为什么写”“怎么写”的问题。陆作家讲“小孩是蝌蚪，大人是青蛙”，微童话有助于青蛙理解蝌蚪，有益于蝌蚪成长为青蛙，他们发出的声音应该是和谐动人的。

这三点可作为本书的标识，读者可在阅读时按图索骥，一一验证。但，我要提醒一句：别人的课例固然好，千万别机械照搬；任何先进的理念和方法，只有消化了，内化了，变成自己的东西了，用起来才顺手。在阅读中找到适合自己的，适度模仿，大胆创新，才能一步一步走上新台阶。

在这本书中，我还看到了一线教师的可贵成长。他们，似萤火虫，发着自己的光，虽然微弱，但可以照亮自己和身边的人。打个不甚恰当的比喻，我觉得这本书犹如晋代车胤的“萤囊”，这么多萤火虫汇集在这里，更亮了，一定会照亮一点什么。

上作文课，写课堂实录，说难不难，说简单不简单。但“有些问题，不是好跟坏的问题，而是有跟无的问题。写下来了，至少可当记录。有记录，再有回顾，就会在比较中进步，这就很好了呀！”——从这一点上讲，这本书为更多一线教师在作文教学路上做了不一样的有效尝试。

微童话，大世界，天地广，有可为。陆作家在2017年主编了一套“智慧微童话”丛书。2018年，他来主编这本微童话教学课堂实录，是微童话的又一次开疆拓土，意义非凡。

我的朋友管建刚曾这么讲：小学作文教学太寂寞了，死一样的沉寂里，要的是证明活着的声音，哪怕是一声“哈哈！你找死啊”。——这本书已经发出了它自己活着的声音，微童话的声音。我祝福它！

是为序。

张祖庆

儿童创意写作积极实践者

小学语文特级教师

目录

MULU

第一技

第二技

第三技

第四技

第五技

附录

微童话教学角度一：用追问找故事

出题人：陆生作

这一次学习技法：给微童话选取主人公，用追问找到藏在图片里的故事。

第一步：看图选角色（故事的主人公）

1. 图片中有什么？它们怎么样？

蜈蚣、蛾子、枯叶、幸运草……蛾子死了……

2. 讲谁的故事，还是讲谁和谁的故事？这是选定故事的主人公。

图片中的事物，都可以成为微童话的角色或道具。

比如，我想讲蜈蚣和蛾子的故事——选定蜈蚣和蛾子为故事的主角或配角，那么，枯叶、幸运草可以当成故事中的道具——当然，这不是唯一的，有人关注蜈蚣，有人关注蛾子，有人关注幸运草……写自己关注的东西，没有统一的标准答案，只要从图片中找到写作的触发点即可。

第二步:找出主人公的特点

比如,选蜈蚣、蛾子。

蜈蚣有什么特点?脚多。

蛾子有什么特点?飞蛾扑火。

这些特点要使用在故事中,这样就能保证"物性"和"人性"统一在主人公身上,从而塑造出一个丰满的故事形象。

第三步:构思(追问部分,课堂实录中最重要的部分)

举个例子:

1. 蛾子怎么死的?它去扑火,被火烧伤致死。

2. 蛾子为什么去扑火?它是帮蜈蚣去扑火。

3. 蛾子被烧伤后,蜈蚣怎么做的?它去找各种草药,绑在自己的腿上,回来救蛾子……

这样成系列的追问,在多问多答中把蜈蚣和蛾子的特点都用上了,而且这些追问是由因果关系相连的,所以,整个故事的线条就很清晰了,牵一发而动整个故事,故事也就编出来了。

教师该怎么问问题,以下图为例,参看下文。

先来看一篇江西省新余市新钢第一小学二(3)班唐荣晟同学的微童话:

秋天,树叶都变黄了。在阳台上,有两盆绿萝,一盆叫小绿,一盆叫小黄,它们在阳台上说悄悄话。小绿说:"小黄,你看,外面的树叶都变黄了。"小黄说:"是啊,我也变黄了。可是,小绿,你怎么没有变黄?"小绿说："我也不知道为什么。可是，你的叶子比我少了。"小黄说："哎呀呀，肯定是虫子在我身上爬来爬去。"小绿说："没关系，只要你好好养病，一定会好起来的。"

这是他现场口头编的，出口成章。二年级学生现场发挥，把微童话编得通顺、完整、有故事性，已经很不错了。其中的"虫子"二字，令我兴奋，这算得上是一个亮点。

于是，就此，我尝试设计了微童话教学的一个导问——教师该怎么问问题。

教师问问题的目的在于启发学生思考。问的问题，一定是先聚拢，再扩散，又聚拢，又扩散……

何为聚拢？就是由"面"到"点"。

师：这张图片上有什么？【这个问题是"面"，很宽泛。】*

生：有绿萝、窗户、树、房子……

师：绿萝有什么特点？【这就是"点"了。】

生：一盆叶子黄，一盆叶子绿。

找到点（比如，叶子黄）之后，追问的问题要扩散开去。这个"点"是编写微童话的构思核心。

师：大家想一想，它的叶子是怎么变黄的？【这个问题又是"扩散"了，它抓住了事物的特点。答案有很多，这些答案都是围绕图片中的事物的特点展开的。】

生1：不好好吃饭，营养不良。

生2：被虫子咬了一口，它生病了，所以黄了。

生3：秋天到了，它就是要变黄。

生4：它本来很胖，想减肥，结果把叶子都减黄了。

生5：叶子是它的衣服，它想好看一点，就用颜料涂黄了。

生6：这不是它自己的叶子，它帮别人保管的。

再抓住"点"，即其中一个答案，继续追问，继续扩散。上面的6个答案都可继续追问，继续扩散。

以上面"生2"的回答为例：被虫子咬了一口，它生病了，所以黄了。

师：虫子为什么要咬它一口呢？

生1：虫子饿了，吃它填肚子。

生2：肯定是叶子很锋利，割疼虫子了，虫子就咬它一口，报仇。

生3：可能绿萝本来就生病了，虫子是来帮它治病的，只是没治好，更严重了，

---

*【　】中文字为主编点评。

叶子都黄了。

生4：也可能是虫子病了，它来吃绿萝治病的，然后绿萝就黄了。

以追问的方式构想微童话。追哪里？怎么追？都很重要！老师要捕捉到学生答案中的闪光点。

所有的问题，都是由面到点、由点到面，又由面到点、由点到面……答案集中在一起，可以组成一张“网”。编写微童话的时候，集中在一个点上，然后把与这个点相关的内容有机地组合起来，微童话就编出来了。以“生2”的回答“被虫子咬了一口，它生病了，所以黄了”为例，请看我的微童话《毛毛虫，你爬我身上来吧》：

> 毛毛虫病了，软软地爬着。他终于找到了绿萝，而且有两盆，这回真有救了。可是，绿萝把腿一弓，弹开了毛毛虫。
>
> “哎哟——哎哟——”毛毛虫好难受。
>
> “真可怜！”另一盆绿萝说，“毛毛虫，你爬我身上来吧。”
>
> 毛毛虫吸了汁水慢慢好起来，绿萝却一天天黄下去。旁边那盆绿萝心疼了：“毛毛虫，你爬我身上来吧。”

第四步：动笔写或者口述

比如：

> 飞蛾扑向蜡烛，蜈蚣紧张极了。蜡烛伸出长长一条火舌，飞蛾跌落在地上，“哎哟，哎哟”。蜈蚣慌了，几十条腿抖着跑开去，远远传回一个声音：“我马上回来。”蜈蚣回来了，腿上装着各种治烧伤的药，可飞蛾已经不动了，一动也不动。蜈蚣摘下一朵幸运草，放在飞蛾手中。

灵感，构思，在电光火石间，其实也没什么步骤好讲，它们之间是相互交织的，但理出一个步骤来，可以让学生有据可依，似乎是循序渐进的，帮助学生“得言”又“得法”。至于“得体”，写起来再讲究。

满满的诱惑，最能激发学生的参与兴趣

授课：方美桃（浙江省杭州市下沙第二小学）

三年级微童话课

课堂实录

一、课前准备

1. 拟写下水文。【好！写能帮助教。】
2. 撰写教案，制作课件。

二、教学过程

板块一：再识童话，聚焦"微"

师：同学们，童话，喜欢吧？说说你喜欢的或是印象深刻的童话。

生1：我喜欢《海的女儿》，美人鱼为了成全王子，自己化成了泡沫，让我很感动。

生2：我喜欢刚刚读过的《木偶奇遇记》，这本书很有意思，我特别喜欢。【可以追问怎么有意思，让学生讲出来。】

生3：我喜欢《丑小鸭》，丑小鸭不怕困难，终于变成白天鹅，给我很大的启发，我喜欢这个童话故事。

……

师：同学们喜欢的童话可真多！在你们眼里，童话，是一种怎样的故事？

生1：童话故事是很神奇的。吻一下，青蛙变成了王子。（众笑。老师板书：故事神奇。）

生2：童话故事很美好。它往往会告诉我们一个道理，比如《陶罐和铁罐》就告诉我们：尺有所短，寸有所长。不要只看自己的长处，嘲笑别人的短处，要知道别人也有长处，自己也有短处。（板书：美好有寓意。）

生3：童话故事里小动物、植物都像人一样会说话，等等。（老师引导，板书：想象丰富。）

……

设计意图

童话是学生最早接触的一种文学体裁,童话作品是学生最早阅读的精神食粮。对于童话,学生有丰富的阅读经验。以上教学环节旨在通过聊童话,唤醒孩子记忆里的童话,打开童话的记忆之门。通过交流,启发学生回顾和总结童话印象,让孩子们曾经熟悉的童话慢慢点燃创作的智慧火苗。

师:老师认识了一个作家,他喜欢写“微童话”,他还鼓励老师教你们写微童话。你们想不想跟着作家写“微童话”?

生:(异口同声、神情激动)想!【满满的诱惑,最能激发学生的参与兴趣。】

师:要写“微童话”,首先要了解微童话。一看到这个“微”字,你就想到了什么?

生:我想到了短小,“微童话”就是短小的童话吧?

师:对!我们来看作家王勇英的一则微童话《蚂蚁和一粒谷子》。(PPT展示。)

小蚂蚁在田边捡到一粒谷子。他大声问:“这是谁掉的谷子?”没有人回答。小蚂蚁就守着这粒谷子,一天又一天过去了,直到谷子发芽,长成禾苗,扬了禾花,又结了一串沉沉的谷穗。后来,小蚂蚁有了一小片禾田。小蚂蚁还在原来捡到谷子的地方守着,等着丢失那粒谷子的人回来,还给他这一片禾田。

(学生默读后,一个个神情愉悦。)

师:看看微童话,微不?

生1:微,只有一节。(众笑。)

生2:微,字数好少。(众笑。)

师:看看,还是童话吗?

生1:是童话。主人公是小蚂蚁。

生2:这个故事很温暖,主题很美好,教育我们要拾金不昧。【童话不仅是教育,也是温暖、感染。】

生3:这个故事很有意思,一粒谷子变成一串谷子,变成一片禾田,太有意思了。

设计意图

聚焦“微”,通过经典的范例,让学生了解“微”——简约而不简单,消解学生对写作的畏惧,激发学生创作的欲望。

板块二：看图想象，尝试说

师：那我们也来试试，自己创编一个微童话。（出示图片，见本书第 1 页。）这是一张图片，一张图片就是一个微童话，看看故事里有谁？【引导收集信息，一张图片有好几个微童话。】

生 1：蜈蚣、蝴蝶。（板书。）

生 2：不是蝴蝶，是飞蛾。（学生有争论，老师引导符合想象，都可以。板书"飞蛾"，提醒"蛾"的书写。）

师：蝴蝶和飞蛾样子有些相似，你了解它们的不同之处吗？

生 2：飞蛾喜欢光明，有一个成语叫"飞蛾扑火"。蝴蝶喜欢在花丛中采花粉。

师：仔细看图，图片上还有哪些东西可以写进你的微童话？

生 1：葱！（被其他同学否定。）

生 2：三叶草。

师：有人知道三叶草的含义吗？

生：幸运！（有同学反对，老师默认。这是图片中最具想象空间的一个点，引导得好，故事会更具想象力，更精彩。）

师：（指枯叶）这是什么？这个也可以写进你的童话。

生：（仔细看）枯叶。

师：飞蛾、蜈蚣、三叶草、枯叶，让我们展开想象，它们之间是什么关系；简单说说，它们之间发生了什么故事。

（思考片刻，学生纷纷举手。一部分学生认为它们互不相识，甚至是死敌；一部分认为它们是朋友，是家人。）

生 1：它们互不相识，飞蛾受伤了，蜈蚣来救它。（有不少学生放下手。）

生 2：它们互不相识，飞蛾受伤了，蜈蚣来吃它。（又有不少学生放下手。）

生 3：它们互不相识，草丛着火了，飞蛾救火受伤，蜈蚣给它治疗。

师：真棒，你想到了别人没有想到的！蜈蚣怎么给飞蛾疗伤？

生 1：给它喝三叶草的汁水。

生 2：把三叶草搓成药丸。

生 3：把三叶草和它自己的血混合制成药丸。

师：你们的想象越来越丰富了，真棒，还有什么可能呢？

生 4：飞蛾在草丛上休息，蜈蚣把它骗到枯叶上，袭击它，把它当一顿美食。

师：那蜈蚣又是怎么把飞蛾骗下来的呢？

生 1：请它下来在枯叶毯子上跳舞。

生 2：请它下来欣赏三叶草。

生3：请它下来品尝三叶草美味的汁水。

……

师：如果它们是朋友，又会有什么故事呢？

生1：它们之间发生了误会，蜈蚣不信任飞蛾，把飞蛾咬伤了。

生2：飞蛾的母亲病了，飞蛾出来找药受伤，蜈蚣来帮忙。

生3：飞蛾受伤了，蜈蚣找来一片厚厚的叶子，拖着它找到三叶草，治好了它的病。

……

板块三：趁热打铁，动笔写

师：刚刚的交流，肯定给大家不少启示，老师也写了一个童话故事，你们听听，评价一下。（老师读下水文《劝告》。）

在一片美丽的草坪上，住着一只蜈蚣和一只白蝶。

一天，白蝶对蜈蚣说："我想去远方，看看不一样的风景。"

蜈蚣听了很紧张，连忙劝告白蝶："去远方？有疾风，有骤雨怎么办？遇上灰雀怎么办？遇上拿网兜捕捉标本的人，你怎么办？白蝶，远方有危险！"

白蝶说："远方虽然有危险，但远方有不一样的风景啊！"

白蝶不顾蜈蚣的劝告，告别朋友，飞向远方。她看到了碧绿的森林，宽阔的小河，美丽的公园，看到了各色的郁金香。

外面的世界多美啊！白蝶要回去和蜈蚣分享。不料遇到了台风，雨淋湿了白蝶的绒毛，风折断了白蝶的翅膀，白蝶挣扎着回到了蜈蚣身边。蜈蚣望着奄奄一息的白蝶，伤心地说："朋友啊，你怎么就不听我的劝告啊！"

白蝶露出最后一抹微笑，对蜈蚣说："朋友，别悲伤，听我的劝告，外面的世界很精彩，值得你我去看看！"

（学生评价略。）

师：现在，请你们展开自己丰富的想象，拿起笔来写一个属于自己的微童话。（学生动笔写，老师巡视，重点辅导学生合理想象。）

板块四：习作交流，互评改

（略。）

教学反思

这是第一堂微童话课，上完课的喜悦一直像春风一样在心头萦绕。学生在课堂上展现出的积极和投入，再一次展现了童话的魅力——童话，孩子永远的最爱！

整堂课下来，最满意的地方是充分调动了孩子的想象。简单的一幅图，通过观察、交流，在20分钟左右的时间，班级48位同学基本完成写作任务，孩子们创编了一个个想象丰富、情节巧妙、主题突出的微童话。其中，朱研小朋友不到10分钟就完成任务，赵哲焜同学创编的《白蝶的劝告》，陶来风小朋友创编的《白蝴蝶救妈妈》等体现了较高的写作能力，这种成就感让课堂上的师生都感到十分轻松和愉悦，如沐春风。

我准备将微童话走教，去备课组其他三个班级继续上课，让更多的老师和同学加入到微童话创作的队伍中来，一起体验微童话的快乐。下次执教，我想在观察的过程中，重点抓住“三叶草”这个角色引导学生展开想象。三叶草的三个叶片，分别代表什么？有什么神奇的功能或是魔法？相信同学们的想象空间会更宽广，创编出来的童话会更神奇，更有童趣！

另外，还有一个困惑。微童话是“微”，但简约而不简单，对情节的叙述和铺展要求极高。这是微童话教学的重点，也是难点。老师该如何有效引导学生构思童话故事的情节？我将在今后的教学中多加思考。【微童话虽微，但有“眼”。从“诗眼”理解“童话眼”。情节的推进，可尝试借“因为……所以……”去生发。】

学生习作

白蝶的劝告

文/赵哲焜

这天，天气晴好，阳光明媚，正是出游的好日子。白蝶看外面的天气这么好，兴高采烈地打开了门。一出门，一股清新甜润的空气扑鼻而来，一仰头，天空湛蓝深远，白蝶准备去旅游一番……

于是，它扑开翅膀，向着另外的地方飞去。一路上，它在青草上尽情地玩耍着，树哥哥在向它挥手，它心想：啊，外面的世界真美呀！

可是，好景不长，正当它准备回家时，被过路的小鸟啄断了翅膀，掉落地上后又被淘气的小孩踢到了一个角落里。此刻它想起自己和朋友一起玩耍的快乐时光，不禁抽泣起来。

正在这时，恰好遇到蜈蚣，它奄奄一息地对蜈蚣说："蜈蚣哥哥，请您帮我转告一下我的朋友，外面的世界虽然很漂亮，但是非常危险。"

幸运的白蛾

文/肖佳媛

白蛾受伤了，落在一片枯叶上。

白蛾闷闷不乐地说："真是倒霉。"这个时候，爬来了一只蜈蚣。蜈蚣看到了它，惊喜极了，说："今天我真幸运啊，发现了一只白白胖胖的蛾子！"

白蛾看见蜈蚣向它逼近，急中生智地说："蜈蚣大哥，我太瘦了，你看，你帮我摘些三叶草来，我吃了就能变得白白胖胖的，味道也会好很多的！"

蜈蚣听了，觉得很有道理，于是帮白蛾摘了一些三叶草。白蛾吃了有神力的三叶草，伤都好了，拍了拍翅膀就飞了起来，说："谢谢你啊，蜈蚣大哥！要不是你采来三叶草帮我治好了伤，我还飞不起来呢！"

友好的蜈蚣

文/马俊伟

一只白蝶被一只大公鸡啄伤了，他落在一片菜地上。

一只蜈蚣看见了，走过来问：“朋友，你怎么了？”白蝶说：“我受伤了，不能飞了。”

蜈蚣帮它看看，看完后说：“你伤得不重，不过要用三叶草治疗。”蜈蚣就拿来了一片叶子，把白蝶放在上面。经过几天几夜的寻找，蜈蚣终于找到了三叶草，他把三叶草揉成药丸让白蝶吃下。

几天后，白蝶的伤痊愈了，可以自由自在地飞翔了，它们成为很好的朋友。

白蝶救妈妈

文/陶来凤

有一天上午，白蝶的妈妈生病了，而且必须要吃三叶草。白蝶很伤心，但是实在没办法，只好冒着风，四处寻找三叶草。过了三天三夜，白蝶受了伤，落在枯叶上，正好发现了三叶草。同时，自己的伤太重，已经没力气了。蜈蚣来了，白蝶用最后的力气对蜈蚣说：“蜈蚣哥哥，我的妈妈生病了，得吃三叶草，现在我受伤了，已经濒临死亡，请你把三叶草给我妈妈吃吧。”刚说完，就没有呼吸了。

蜈蚣含着热泪向白蝶的家走去。它告诉白蝶的妈妈说：“您有一个孝顺的女儿！”

写作原来并不可怕

授课：房璇（安徽省合肥市五一小学）

五年级微童话课

课堂实录

师：同学们，今天我们来上一节有趣的作文课。你们知道什么叫微童话吗？

（孩子们看着我，一脸茫然。）

师：那你们看过童话故事吗？

生：看过！看过！（孩子们七嘴八舌，抢着回答。）

师：那你们都知道哪些童话故事？

生：《安徒生童话》《夏洛的网》《灰姑娘》……（孩子们争着说自己听过或读过的童话故事。）

师：其实微童话也是童话故事，“微”意思是微小，所以我们只要写 200 字左右就行了。现在，我们就先来看一则微童话作品。（出示图片和文本。）

师：现在知道什么是微童话了吗？

生：知道了！

师：在我们的童话故事里，一草一木皆有情，所有的东西都有鲜活的生命，它们和我们一样，有喜怒哀乐，有悲欢离合，它们之间会发生许许多多有趣的故事。今天这节课，我们就来试着写一篇微童话！

生：耶——（同学们十分积极，这有些出乎我的意料。）

师：那我们就开始吧！（师点击课件，出示图片，见第 1 页。）

（看图选角色，即故事主人公：1. 图中有什么？它们怎么样？2. 你想讲谁和谁的故事？同学们举手非常积极。）

师：谁来回答第一个问题？

生：有飞蛾，好像死了，还有蜈蚣、落叶、三叶草（也有人说是幸运草）。

师：你觉得它们之间会发生什么样的故事呢？

（孩子们认真思考，有同学迫不及待地举手，我提醒他再仔细想一想，尽量有趣些……崔帅第一个举起了小手，因为激动，说话有些结巴：一天，蜈蚣跟飞蛾打了一架，然后飞蛾被蜈蚣打死了。同学们都笑得很开心。）

师：它们为什么会打架呢？【这个问题很关键。】

生：为了争夺食物。

师：它们两个吃的食物并不是同一类别的，再想想争夺什么会合理些？

（崔帅开始挠头了。这时候有同学在下面嘀咕，是争夺水源。我顺势请他回答。）

师：你觉得它们为什么会因为水源大战一场呢？

生：因为干旱，森林里面已经很久没有下雨了。它们都要渴死了。

（我示意他坐下，并告诉孩子们，这是一个很有"发展前途"的故事。李冬冬这时候急得已经坐不住了，得到允许后兴高采烈地描述起来。）

生：我又加了一个动物是青蛙。【好。】就是青蛙想吃飞蛾，可是被飞蛾的好朋友蜈蚣看见了，然后蜈蚣咬了青蛙一口，青蛙中毒了，最后青蛙跟飞蛾都死了，蜈蚣把飞蛾葬在了三叶草下面。

（同学们听了这个悲伤的故事，暂时有些沉默。见同学们不再说话，我接着引导：飞蛾，我们经常会在什么地方见到它？）

生：外面的草地上，家里的窗户边。

师：在家里我们看到的飞蛾一般都在干什么？

生：它们都喜欢往电灯那边飞。

师：是啊，飞蛾扑火多么的义无反顾啊。

（这时候刘紫涵激动地喊道："老师，我想好了！"我示意她站起来说。）

生：一天，蜈蚣跟飞蛾正在草丛里面玩。这时候，公园里来了几个调皮的小男孩，他们用打火机把落叶和草丛点着了。飞蛾去救火，然后被烧死了。

师：飞蛾救火的时候，它的蜈蚣朋友去哪儿了呢？

生：蜈蚣腿多跑得快，运水去了。

师：飞蛾有没有可能没死，只是被烧伤了呢？【好，不要老是"死"，活着多好！】

生：有可能。蜈蚣回来得及时，火扑灭后，看到被烧晕了的飞蛾，很伤心地哭。然后，旁边的三叶草说："蜈蚣，你别伤心。你们扑灭了火也救了这个草丛，我的眼泪是治伤的良药，你拿去给你的朋友抹上就会好的。"

（这时教室里响起了热烈的掌声。在层层引导下，孩子们的思路越来越宽，就连那几个写作文"困难户"也积极参与进来。最让我意外的是黄猛，他平时作文只能写一两百字，而且杂乱没有条理，这时候也积极举手，并且思路清晰地表达了自己的构思。）

生：我觉得，飞蛾是想带蜈蚣去人类的家里玩，然后被人类发现了。人拿出杀虫剂要杀了它们,飞蛾把蜈蚣推开了,自己死了。蜈蚣把飞蛾的尸体背了回去。

教学反思

这节课最大的收获就是激发了孩子们创作的欲望,让他们发现写作原来并不可怕。

学生习作

飞蛾扑火

文/詹李宸

一个炎热的夏天,森林突然起火了,飞蛾前去扑火。飞着飞着,突然碰到一只小鸟。巧了!这只小鸟是一只非常饿的小鸟,看到飞蛾,就想把飞蛾吃掉。飞蛾看到小鸟,连忙发出了求救警报,蜈蚣用他的上百来只脚,朝飞蛾的方向跑去,可是小鸟已经把飞蛾啄死了。蜈蚣到来后,看到小鸟正准备吃飞蛾,于是上去把小鸟赶跑了。蜈蚣哭着把飞蛾带回家,安葬在幸运草下。

飞蛾救火

文/刘紫涵

在森林里有一只胆大的飞蛾和一只胆小的蜈蚣,它们俩各自外出寻找朋友,相遇后成了非常好的朋友。它们一起玩要一起分享食物。一天,有个调皮的小男孩在森林边的草丛里放了一把火,飞蛾胆子很大扑过去灭火,蜈蚣迅速跑到小河边打水,等蜈蚣七手八脚地把火扑灭后,飞蛾已经被烧死了。蜈蚣很伤心。这时,地上的一片枯叶说:“你将它放在我的身下吧,我可以为它遮风挡雨。”

蜈蚣很恨人类

文/黄猛

一天夜里,蜈蚣在找吃的,它很饿。正在这时,飞蛾也看到了食物,然后它们平分了食物。飞蛾与蜈蚣成了好朋友。飞蛾想带蜈蚣到人类的电灯上面玩,可是被人类发现了。人类大叫一声,抖着小腿跑去拿杀虫剂。飞蛾把蜈蚣推开,自己被杀死了。蜈蚣很伤心,飞快地咬了人类的脚一口,自己也被踩伤了。蜈蚣最后把飞蛾带了回去,挖了一个洞把飞蛾放进去,说:“好朋友,有难同当!”蜈蚣因为伤太重也死了。它们感动了风,风把枯叶盖在了洞上。

孩子们的表现震撼了我

授课：谭跃萍（江苏省东台市溱东镇学校）

四年级微童话课

课堂实录

一、导入

师：同学们，这几天老师在学习写微童话，你们想不想学写微童话？

（学生一听“童话”二字，两眼发光，一个个激动地站着举手了。）

师：我知道大家都有丰富的想象，每个人的心里都住着好多好多神奇的创造力。听清楚了，是微——童——话。你们知道什么是微童话吗？

生1：是小童话。

生2：是短童话。

师：真聪明！童话有什么特点知道吧？

生1：知道。里面出现的事物都会说话，都有思想感情。

生2：还给我们一个启示。

师：看来大家是真的喜欢童话。那想不想见识一下什么是微童话？

生：想——

师：顾名思义，微童话就是短小有启发的童话。它是起源于微博的一种儿童文学，是一种新文体，篇幅一般在200字左右。【看来老师是查过资料的，赞一个。】现在我们来欣赏一篇微童话《毛毛虫，你爬我身上来吧》。（生欣赏童话。）

> 毛毛虫病了，软软地爬着。他终于找到了绿萝，而且有两盆，这回真有救了。可是，绿萝把腿一弓，弹开了毛毛虫。
>
> “哎哟——哎哟——”毛毛虫好难受。
>
> “真可怜！”另一盆绿萝说，“毛毛虫，你爬我身上来吧。”
>
> 毛毛虫吸了汁水慢慢好起来，绿萝却一天天黄下去。旁边那盆绿萝心疼了：“毛毛虫，你爬我身上来吧。”（文/陆生作）

师:你们觉得这篇童话怎么样?感受到什么了?

生:短,有趣。

师:那如何写呢?我想,我们先来看看作家给我们的建议,好吗?

生:好。

(师出示四步骤。第一步:看图选角色,即故事主人公。第二步:找出主人公的特点。第三步:构思。第四步:动笔写或口述。)

二、学写微童话

1. 看图选角色。(图见本书第1页。)

师:图上有什么?

生:图上有蜈蚣、飞蛾、枯叶、幸运草、绿叶、草丛……

师:它们各有什么特点,可以有什么想象呢?

(生说,师板书。)

蜈蚣:脚多、有毒、昂头、扭曲着身子……
飞蛾:飞蛾扑火、吸食植物汁液(害虫)、生物链重要的环节……
枯叶:肥料、船……
幸运草:三叶草(也有四叶的,表示幸运),象征自由、统一、团结、和平
绿叶:代表年轻,有好奇心,勤学善问。
草丛:代表场所或环境。
……

师:省略号部分什么意思,知道不?

生:知道,还有其他事物。

师:我们的图中好像就差不多有这些,不需要用省略号哦。可为什么我还要加省略号?

(学生愣住。师含笑期待,良久。)

生:老师,应该是我们还可以加入其他的事物想象吧?【好极了!不为图所限,图只是触发点。】

师:你们大家觉得对吗?

(众生恍然大悟,连声附和:“对!对!对!”)

师:大家太聪明了,我有点招架不住了。好吧,现在看着板书,回忆一下我们刚才的过程,确定一下故事的主人公吧。

(提醒学生:主人公的特点,在童话中我们是要用到的。现在你的主人公是谁和谁,你想写个什么样的故事?图片中的事物可以是主人公,也可以作为道具。)

2. 追问。

生1:我选绿叶、飞蛾和蜈蚣,还有幸运草。

师:它们之间发生了什么故事?

生1:它们的友情。

师:好,有主题。过程呢?

生1:绿叶在玩儿,蜈蚣来了,飞蛾也来了,一起玩儿。飞蛾,飞蛾……(僵住。)

师:关键时刻,就给它来点意外呗,就是我们说的"无巧不成书"。其实,我们生活中有很多事比故事中的巧还要巧呢。飞蛾怎么样了?【发生一个事故,就有一个故事。】

生1:被火烧死了。

师:哪里来的火?你放的?(众生笑。)

生1:(急着辩解)不是!(又僵住。)

师:快清明了,不知是哪里飘……

生:飘来的烧着的纸!

师:好!这燃着的纸怎么样了?

生1:贴在了飞蛾身上。

师:后面的故事你可以继续编了吧?我的提醒到此为止。大家注意,每个人的想法都不会一样,千万不要千篇一律哦。你想到哪里卡住了,就找我们大家帮你想想办法,好吗?好,继续下一位。

生2:我选四叶草和绿叶。

师:(一愣)什么故事?

生2:绿叶年轻,不懂的事就问,知道了幸运草的含义后,也想给它身边的所有朋友带来更多的幸运。

师:(感动,众生亦是。)真不愧是勤奋好学、为大家着想的班长!你胸有成竹了吗?

生2:差不多了。

师:好,下一位。

生3:(这是我刚发现的写作小苗,有点爱搞笑。)老师,我可不可以写蜈蚣的天敌?

师:完全可以。(手指板书省略号。)

生3:那我就加大公鸡。

(众人皆兴致勃勃地等待。)

师:大公鸡怎么了?跟我们大家说说,大家可期待着你的有趣点子哦。

生3:蜈蚣出门遇到大公鸡,有危险了,后来飞蛾来了,救了它。(顿住。众生皆好奇,叽叽喳喳:飞蛾怎么救得了蜈蚣?)

师:怎么救的啊?大家都好奇着呢。

生3:嗯,就是飞蛾和大公鸡斗,让蜈蚣逃跑啊。然后肯定是飞蛾打不过大公鸡啊。(大家的心都揪着。)

师:奇思妙想,期待你的精彩表现!还有谁想说说你的奇思妙想?

生4:我想选蜈蚣和飞蛾。

师:我们每个人都是围绕蜈蚣、飞蛾或其他在说,但每个人的想法确实都不一样,个个展现了自己的精彩内容。又来一个,听听,她会怎么想。

(众生会心地笑。)

生4:蜈蚣和飞蛾是好朋友。一天,蜈蚣发现飞蛾在地上休息,也没打扰它,就守着它,等它醒来,给它一个惊喜!(惊喜!众皆惊喜:什么惊喜?)

师:惊喜?(众生大笑:快说啊。)

生4:蜈蚣给它编了一个书柜。【小作者自己的生活经验用进故事里了,好。】

师:书柜?好!真不愧是我们爱读书的榜样,写作也不忘我们的阅读,赞!(众皆感叹此奇思妙想。)继续!

生4:蜈蚣编好了书柜,飞蛾还不醒,蜈蚣就挠它痒痒。(众生笑。)

师:接着怎么样呢?

生4:又挠。(被众生笑难为情了,忘词儿了。)

师:刚刚挠痒痒有什么反应了?

生4:没反应,才又挠的。

师:又挠了吗?

生4:嗯。然后就以为它生病了,去给它抓药。

(众生笑。)

师:不急,不急。慢一点。挠第二次有反应吗?

生4:还是没有啊。

师:那就说——

生4:仍没反应。

师:对。然后呢?

生4:以为它生病了,去给它采药了。

(有生质疑:为什么不说是死了?)

师:两次都没反应,蜈蚣的心里会怎样?是不是有点慌了?(引导。)

生4:嗯……(又僵住。)

师:会怎么做呢?(众生也僵住。)想想你自己生病时,家长怎么做的?(我伸手摸额头。众生:摸有没有发热!)【调动自己的生活经验。】

师:是的。要慢一点,写出人物的心理。

生4:蜈蚣用触角摸了摸飞蛾的额头,很烫。就请一旁的幸运草帮它照看一下飞蛾,它去取药。可是,幸运草对它说,飞蛾早已死了。蜈蚣很伤心,把飞蛾拖到幸运草草丛中掩埋了。

师:我们大家回忆一下她刚才说的,看看有没有少点什么?蜈蚣挠了飞蛾两次痒痒,它都没反应,蜈蚣又摸了飞蛾的额头,是滚烫的,但幸运草却说飞蛾早已死了,你信吗?

生:哦,也是啊。死了怎么会是烫的呢?

师:(提醒)天上的太——

(有学生接上了:太阳火辣辣的,晒热的!)

师:是啊,这就连上了。刚才有同学说,飞蛾死了,我们怎么确定呢?(众生有点茫然,我心头一顿。)是不是得——(我把手背放在鼻子下试探鼻息,然后轻轻摇摇头。众生:看有没有呼吸!)

师:是啊。再回顾一下,我们这篇童话虽小,这样想来却是一波三折啊,所以,故事情节一定要慢慢来,不要急。最后怎样了?

生4:蜈蚣把书柜放在飞蛾身边一起葬在幸运草草丛中。

师:不错的朋友情怀。

3.动笔写。

师:刚才我们不少同学从不同的角度说了自己的想象,我想,现在大家可以动笔试试了吧。

(生写,师巡视,相机辅导过渡语句。)

三、习作交流

(略。)

教学反思

童话,可以说是孩子们的最爱。这次微童话写作,对零基础的我和孩子们来说都是一种尝试。教学过程中,孩子们的表现震撼了我:我们老师真的需要好好体验童心。教学过程中,孩子们的奇思妙想让人忍俊不禁,脑洞大开。

习作后让孩子们自己读了修改,再同桌改,再小组改,交上来时,发现微而不微了,遂又讲解"砍字",让孩子们"砍"得心口跳跳的、疼疼的,或者实在舍不得砍,就干脆写长了,写细了,写美了,作为这一周的周记。【灵活处理。】

学生习作

陪　伴

文/费阳

蜈蚣和飞蛾是形影不离的好朋友。

一天,蜈蚣刚出门就撞见大公鸡,躲,来不及了。正好飞蛾来了,它一边在公鸡眼前上下翻飞,一边让蜈蚣赶紧回家。公鸡怒了,使劲扑腾。蜈蚣到家后从门缝注视外面。

公鸡一走,蜈蚣就飞奔到飞蛾身旁,飞蛾奄奄一息。蜈蚣立即从家里拿药,再出来时,飞蛾已经死了。蜈蚣背起飞蛾,把它葬入幸运草草丛。

幸运草和绿叶

文/李明轩

飞蛾和蜈蚣在玩游戏,正高兴时,一张燃着的纸飘到飞蛾身上。

"救命! 救……"等蜈蚣反应过来,飞蛾已经死了。它把飞蛾抱到一片枯叶上,还摘了四瓣叶子的小草给飞蛾盖上。

绿叶看见了,问:"小草,它为什么把你盖在飞蛾身上啊?"

"因为我叫幸运草。我象征着自由、统一、团结、和平。"

"哦,我明白了!"绿叶说着,努力向旁边偏了偏身子。

友　情

文/王佳璐

蜈蚣发现好友飞蛾在枯叶上休息,便想给它一个惊喜。

它编了一顶书柜。

编好了,飞蛾还没醒。蜈蚣挠它痒痒,没反应,蜈蚣又挠,还说:"看你能撑多久!"飞蛾仍没反应。

蜈蚣慌了,摸飞蛾的额头,好烫! 它说去取药,可幸运草说飞蛾早死了。

蜈蚣反问为何烫? 幸运草说是太阳晒的。蜈蚣再探它的呼吸,真没了。

蜈蚣默默地把书柜放在它身边,和幸运草相伴。

友情之伟大

文/曹阳

绿叶在晒太阳，遇见散步而来的蜈蚣，飞蛾也飞来了："你们都在这儿啊，我们一起玩吧。"

正玩得高兴，不知从何处飘来一张燃着的纸，贴在了飞蛾身上。"救命啊！救命……"可是蜈蚣和绿叶都无能为力，飞蛾坠了下来。

蜈蚣连忙接住飞蛾，发现飞蛾被烧焦了，很伤心。蜈蚣含着泪把飞蛾放在草丛中的枯叶上，摘下一片幸运草盖在它身上。它们祝愿飞蛾在天堂幸福。

被孩子们推着走

授课：王佳一（浙江省义乌市上溪镇黄山小学）

二年级微童话课

课堂实录

一、聊童话

师：看过童话故事的小朋友请举手。（42双手全部举起来。）

师：谁能说说你看过的童话故事的名字？

生1：我看过安徒生童话，比如《海的女儿》。

生2：我看过格林童话。

……

师：你们喜欢童话吗？

（生齐说：喜欢！）

师：你们觉得什么样的童话故事是你们最喜欢的？【此问相当于“童话特征是什么”，提问适合二年级学生。大白话的背后仍然是指向概念的。】

生1：有意思。

生2：有趣的。

生3：结局出人意料的。

生4：正义战胜邪恶的。

生5：动物会像人一样说话。

生6：内容异想天开。

……

师：故事里的所有东西都可以当人来写，【说得通俗易懂。】内容异想天开，有趣的，有意思的，充满想象力，我们一般把这样的故事称为童话。

二、聊微童话

师：你们觉得写童话故事难吗？

生：难，大作家才能写的！

师：你们相信老师会写童话吗？（学生表示不信。）看来对我信心不大。我得好好给你们露一手。（出示绿萝图，见本书第2页。）来看看老师写的《绿色的心》。

李奶奶给小孙子买了两盆绿萝，放在窗台上。天气太冷了，其中一盆有点冻坏了，好多叶子发蔫了，变黄了。

叶子绿绿的那盆说："老弟，你是要死了吗？"叶子黄黄的说："怎么可能，你不知道吗？我们绿萝最坚强了，你等着，过几天我就好啦。"

窗外的风越来越大，天气越来越冷，叶黄的绿萝蜷缩着，越发无精打采了。李奶奶好几次想把它扔了，但奇怪的是，总有一枝、两枝的绿枝叶夹杂其中。

春天到了，叶子黄黄的绿萝完全复活了，变得翠绿翠绿。"老弟，你是怎么做到的呀？""因为我有一颗绿色的心啊！"

师：还凑合吧！再来看两则童话，也是根据这幅图片写的哦！

毛毛虫，你爬我身上来吧

文/陆生作

毛毛虫病了，软软地爬着。他终于找到了绿萝，而且有两盆，这回真有救了。可是，绿萝把腿一弓，弹开了毛毛虫。

"哎哟——哎哟——"毛毛虫好难受。

"真可怜！"另一盆绿萝说，"毛毛虫，你爬我身上来吧。"

毛毛虫吸了汁水慢慢好起来，绿萝却一天天黄下去。旁边那盆绿萝心疼了："毛毛虫，你爬我身上来吧。"

提心吊胆

文/陆生作

窗台上摆着两盆绿萝，一盆健康，叶儿油绿，一盆病了，叶儿蔫黄。

叶绿的说："老兄，我们是常绿植物，你怎么黄了，是不是病了？"

叶黄的说："老弟，你看看窗外，秋天到了，叶儿本来就要黄的。"

叶绿的一看，果然，满大街梧桐叶都黄了，它紧张起来："难道是我病了？”

终于，它真的病了，叶儿也黄了，但是，它却高兴起来：“咳，提心吊胆的日子总算过去了。”

生：老师，这三篇童话都好短，能叫童话吗？

师：它有想象吧！（有。）它有把所有东西当人来写吧！（有。）它有意思，有趣吧！（有。）那它为什么不能是童话呢？这就是童话，因为短，我们可以称它是“微童话”。

三、聊图片，想童话

师：想和老师一样看图写微童话吗？（想。）今天咱们就来写写。（出示图片，见本书第1页。）

1. 图中有什么？

师：你们看到了什么？

（生回答汇总：蜈蚣、飞蛾、三叶草、长叶子的草、藤蔓、树叶。有学生马上指正有枯树叶，也有绿树叶。）

2. 他们怎么样？

师：他们怎么啦？

生：飞蛾死了，是蜈蚣咬死的。

生：蜈蚣在飞蛾旁边。

生：（马上纠正）蜈蚣是守护着飞蛾。

生：藤蔓压在蜈蚣上面，因为蜈蚣要咬飞蛾，藤蔓帮它呢。

生：蜈蚣的两根须须，一根搭在三叶草上，一根搭在飞蛾身上，在疗伤呢。

3. 为什么会这样呢？

师：他们为什么会这样呢？

生：蜈蚣救飞蛾。

生：蜈蚣和飞蛾吵架。

生：蜈蚣和飞蛾互相残杀。

生：蜈蚣和飞蛾一起玩，互相打闹，不小心伤到了飞蛾。

生：飞蛾遇危险死了，蜈蚣守护它。

4. 因为什么才发生这样的事情呢？

师：如果事情像你们说的那样，那他们是为了什么呢？

生：蜈蚣和飞蛾都是虫虫学校的学生，飞蛾犯错了，受到了惩罚。

生：蜈蚣和飞蛾争地盘。

生：它们争夺虫虫帝国王位。

生:它们为了争夺水源。

师:越来越有意思了。那如果是为了争夺水源,又是为什么呢?

生:应该是夏天特别热,干旱了。

生:老师,我觉得飞蛾死也有很多可能。比如它有可能就是普通的被踩死的,也有可能是被蜈蚣玩死的。

师:有可能,还有别的死法吗?

生:被青蛙咬死,蜈蚣为了救飞蛾,咬了青蛙一口,要不然连飞蛾尸体都看不见了。

生:飞蛾救火牺牲,它是勇敢的小灌木丛消防员。不是有个成语叫"飞蛾扑火"吗?

生:来了一个天外飞仙,飞蛾被吓晕了,可能没死。

师:你们的想象力太让我惊叹了,我们把刚才的内容理一理,构思一下我们的故事。首先,故事发生在什么样的情景下?然后,它们之间发生了什么事情?最后结果怎么样?【此处,老师可从学生的答案中"连"出一个故事来,或者提问的时候,把问题写在黑板上,学生就知道,这几个问题的答案连起来就是一个故事。】

四、动笔写微童话

(略。)

教学反思

二年级的孩子们对于童话故事应该都不陌生,但是要他们把童话写出来真的没那么容易。在这堂课之前,我心里是很没底的。我所在的学校是我所在城市最边远的山区学校,孩子们接触面很窄,我很担心最后的结果就是他们看着图片发呆,啥也说不出。不过事实证明,我小瞧他们了。我预设了很多种他们回答不出,我要怎么引导的追问方案,【这样的准备还是需要的,心里有底。】但是课堂上他们根本不给我说话的时间。抛出一个问题后,五花八门的回答纷至沓来。我甚至看到平常不怎么举手的孩子都举手了,因为他们觉得怎么说都没关系。于是他们的束缚被解除,一发不可收拾。【自由的课堂,学生做自己。】看着满满一黑板的摘记,我惊呆了。他们的观察力和想象力是我没有预想到的。那天上午两节课后,学校安排孩子们春游。往常这个时候孩子们应该是很兴奋的,哪里坐得住。神奇的是,那天第一节课后,所有的孩子在下课时间仍安静地坐在教室里奋笔疾书,写着自己的第一篇微童话。不能不说,我很感动。

这堂课上，我其实一直只是报幕员，连导演都算不上。很多次的追问还没开始，学生的回答自动落到我的预设中。整堂课感觉是被孩子们推着走的。这样的课堂，学生是主角，老师穿针引线、提纲挈领就好。从交上来的习作看，有可取之处，当然也有失败之处。

很多孩子之前写作是拖拖拉拉的，这次都保质保量地完成了。虽然文笔稚嫩，但仍很有想法，可圈可点。从习作来看，我也发现自己今后上微童话写作课要注意的问题。孩子们的童话故事大同小异，而且大多没有对话描写。很多孩子的故事平铺直叙，缺乏童话故事的趣味性。当然这是孩子们的第一次，相信会越来越好。相信我的微童话写作课也会越来越好。

学生习作

飞蛾和蜈蚣

文/陈飞翰

飞蛾和蜈蚣是一对好朋友。有一天，它们在一起玩。突然，一只青蛙跳出来，伸出舌头要把飞蛾吞进肚子里。蜈蚣一口咬住青蛙的脚，青蛙只好把到嘴的美食吐出来。可是，蜈蚣发现飞蛾已经死了。蜈蚣很伤心，它一直守了飞蛾七七四十九天。

点　灯

文/张梓豪

飞蛾老师觉得蜈蚣家太黑了，要不然蜈蚣每次交上来的家庭作业上的字怎么这么歪歪扭扭呢。于是，它就想着给蜈蚣家点一盏亮亮的灯。飞蛾就飞到蜡烛旁边去点火，没想到一不小心烧着了自己，飞蛾就死了。蜈蚣看见了，摘下旁边的幸运三叶草给飞蛾喂下。飞蛾慢慢醒来了。蜈蚣哭着说："老师，我家的灯亮着呢，是我自己不好好写字，差点害了你。"飞蛾慈爱地看着它笑了。

蜈蚣救飞蛾

文/楼欣仪

蜈蚣家里没有灯很黑,很潮湿。蜈蚣老是撞得鼻青脸肿,还关节疼。飞蛾想帮蜈蚣家点一根蜡烛。突然,蜡烛的火焰手一伸长烫到飞蛾了。飞蛾哇哇大哭叫救命。蜈蚣大喊:“不怕,有我呢,我来了,我来了。”蜈蚣拿着祖传烫伤膏连忙奔过来。可是为时已晚,可怜的飞蛾已经上天堂了。蜈蚣伤心地哭了七七四十九天。

藤蔓救飞蛾

文/陈昕果儿

夏天到了,花园里很干燥,蜈蚣又饿又渴。它出门找吃的,看见一只飞蛾躺在地上,估计是渴晕了。蜈蚣想:“这下有吃的了。”藤蔓大叫一声,压在蜈蚣身上,说:“不能吃,它是一个勇敢的骑士,它是为了救其他小虫才晕过去的。”蜈蚣动来动去,藤蔓压得越来越紧。蜈蚣只好求饶:“藤蔓阿姨,你行行好,放过我,我不吃就好了。你再压下去,我就算有 100 条腿也都没用了。等下血液流得不畅,我都得截肢了。”藤蔓看看它,相信了它。蜈蚣赶紧跑路,一边跑一边说:“幸好我命大,要不然我都要变成蚯蚓了。”

孩子的想象力在老师这里

授课：吴金标（浙江省杭州市天然学园）

三、四、五年级混合班微童话课

课堂实录

一、播下一粒种子，初体验

师：孩子们，今天，吴老师带来了一粒种子，什么种子呢？大家看大屏幕上的微童话，是冰波老师的《树叶鸟》。

> 秋天，树叶干枯了，一片一片往下落，就像鸟儿在飞一样。忽然，就在落叶快要落地的时候，每一片叶子就会变成一只小鸟。小鸟们飞起来，飞到一个美丽的湖，洗一个澡，拍拍翅膀，然后飞到远方去了。树叶变的鸟，明年会再来。当它们回来的时候，还会回到树叶上，变成一片新树叶。这就是树叶鸟。

生：吴老师，这是一篇童话吗？

师：为什么带个“吗”字？

生：童话里，那些不会说话的也能说话，所以我觉得像是童话，可是这篇的篇幅又和我们看过的童话篇幅不一样，所以不敢确定是不是。

师：孩子们，是不是童话，不是从字数上来判断的。大家一起来说说，这究竟是不是篇童话，来解答一下这位同学的疑问。

生：童话总是充满想象力的，这篇文章里的树叶变成了鸟，多美好的想象啊，我觉得这个就是童话。

生：是的，最后这只鸟还有一个新的名字，叫树叶鸟，这种想象是非常奇特的，一般人都想不到，我知道，很多童话里都会有一个非常独特的主人公，比如《红鼻鼠和蓝狐狸》里的“红鼻鼠”、《木偶奇遇记》里的“皮诺乔”……（孩子举了很多例子。）这篇短文里也有一个独特的形象“树叶鸟”，我觉得是童话。

师：孩子们，你们真是不错，尤其是你们读了这么多的童话。从你们的发言中，我总结了你们对童话的理解：想象、主人公。其实童话还要有一个要素，那就是要有一个故事。你们看这篇文章里，有没有什么故事？如果有，是一个怎样的故事？

生：写的是树叶从树上落了下来，但落下来的时候，却变成了鸟。

生：还写到这只树叶鸟飞到湖里，洗了个澡，多快活啊。

生：还写到树叶鸟洗完了澡，就飞到远方去了。后面还写到了它明年还会再来，又会变成一片叶子长在树上。

师：是的，孩子们，本来树叶落下来给人的感觉是怎样的？

生：很凄凉的，让人觉得没有生气。

师：那冰波老师却用这样奇妙的想象给了你们什么样的感觉？

生：我觉得好神奇。

生：我觉得没有了那种凄凉的感觉，多了很多美好，说不清楚，就是觉得特别的美，很有味道。【这个回答实在，感受比技巧重要。】

师：是的，好的童话，总是用美好的形象给人一种很浪漫美好的感觉，让你觉得文字不再是冷冰冰的，而是暖乎乎的。那如果你们编，会用这片叶子编出什么暖乎乎的故事？

生：我会编这片叶子落下来，结果帮助了一群急着过河的蚂蚁，然后蚂蚁捡回这片叶子当成了被子。【好。特点在了，用途在了。】

生：我会编这片叶子落下来后，变成了一只美丽的蝴蝶，然后去它以前总想闻闻的花的面前，去闻那些花儿，然后在那里闻着闻着就睡着的故事。

师：孩子们，你们的故事编得真好，好的故事不一定用很长很长的文字来表达，像这种充满了奇特想象的，充满了情感注入的故事，都是好故事。吴老师今天带来的这粒种子，其实就是童话，它有大胆的想象，有独特的主人公，有一定的故事情节，只不过文字简短，它的名字是——（我故意顿了顿。）

生：小童话。

生：短童话。

生：微童话。

师：（竖起大拇指。）回答正确，你真棒！

【老师在讲《树叶鸟》时，可以点出这篇微童话中“树叶”与“鸟”的特点，树叶四季的变化，鸟会迁徙，鸟也会飞，以此说明微童话的构思，有助于学生理解。】

二、浇灌一片希望，用童心

师：孩子们，我们了解了童话，也了解了微童话的特点，今天啊，我们就要来创作微童话。你们都有一颗童心，天生就是一个童话家呢！接着吴老师给你们带来第二粒种子了，请看——（出示图片，见本书第1页。）

1. 仔细看图，认识主人公。

师：在这张图片里，你们看到了什么？

生：我看到了一只死飞蛾，还有一条百脚虫。

生：这个应该是只蜈蚣吧，不是百脚虫。

师：那它们两个有什么相同和不同的地方，你知道吗？

生：我见过百脚虫，那个虫子是胖胖的身体，圆乎乎的，蜈蚣的身体是扁扁的。相同的地方就是脚都非常多。

师：其实蜈蚣也叫百脚虫，你说的身体胖胖的那种虫其实叫“马陆”，它也叫千足虫，回去可以查一下。两种动物都有好多的脚。但你们仔细观察一下，蜈蚣还有什么特点？

生：身体扁扁的。

师：颜色呢？

生：红通通的。

师：孩子们，在刚刚的那篇微童话里，一片树叶会变成鸟，多么富有童心童趣啊，用你们的童心来感受，来发现，你们觉得这红通通的身体，像什么一样？

生：像红通通的火。

师：那么多的红红的脚和触角呢？

生：像蹿起的火苗。

师：孩子们，你们表现得真棒，这个图里还有什么？在你们的眼里，它们到底是怎么样的？

生：还有三叶草，青青叶片，全部平展开来，就像一个甜甜的笑脸。

生：还有一片枯叶，像一条柔软的地毯。

师：孩子们，你们都充满了童心，还有一只飞蛾，你们仔细观察了吗？它怎么了？它又有什么样的特点？

生：它躺在枯叶上，翅膀都破损了，大概是死了！

师：为什么用“大概”？

生：因为我不想让它死，那样太不好了。【好。】

师：（一时间被孩子的回答弄得心里酸酸的，顿了顿。）那你认为它怎么了？

生：是受伤了。

生：我知道，飞蛾都喜欢很亮的东西。夏天的时候，如果家门不关紧，它们常常会飞进屋子里，绕着灯飞。

师：有个词叫飞蛾扑——

生：（齐）火。

师:是的,飞蛾就有这样的一个特点:趋光性。

2. 美美地品味,甜甜地思考。

师:孩子们,也许你们认为飞蛾是死了,也许会认为它受伤了,那它究竟是怎么死的? 又是怎么受伤的?【追问。】

生:我觉得,肯定是因为它把蜈蚣当成了一团火,就冲过去扑火了,所以身体撞在了蜈蚣那么多的脚上,才会受伤的吧。

生:我觉得肯定是蜈蚣家里着火了,飞蛾看到火,立刻去救火,所以受伤了。

师:那蜈蚣和飞蛾的关系是?【追问。追问不彻底可再问一个,受伤后怎么了? 追问出一个完整的构思。】

生:一对好朋友。

生:我认为可能是蜈蚣做了一个梦,梦到了自己的好朋友死了。

师:为什么做这样的一个梦?

生:可能是它好多天都没有见到它的好朋友了,又或者是,它们今天刚刚经历了一个危险吧。

师:结合飞蛾的特点再想想。

生:哦,我知道了,它是担心飞蛾扑火时出意外,才"日有所思,夜有所梦"!

师:孩子们,你们的想象都挺好的,但你们都是以蜈蚣和飞蛾为主人公来进行故事的创编的,能不能换一个主人公呢? 比如那株三叶草。我认为它是一株幸运草,你们觉得可以吗? 它也能说话,可以吗?【好。发散开去,老师的引导很必要。】

生:当然可以啊。

师:那这株会说话的幸运草身上又会有什么样的故事呢?

生:我觉得可能是这株草托了一个梦给蜈蚣,让蜈蚣来摘取它,从而救了自己的好朋友飞蛾。

(师生鼓掌。)

三、静待一朵花开,美成诗

师:孩子们,今天老师带来了两粒种子,一粒微童话的种子(对微童话的认识),一粒创编微童话的种子(图片),其实今天还有一粒种子,你们知道是什么吗?

生:是我们的故事。

生:是我们的回答。

师:是,但也不全是,那第三粒种子,在你们心里,那是颗童心。有一颗童心,我们笔下的故事才趣意满满;有一颗童心,我们的故事才暖人心扉;有一颗童心,我们才能渐渐感受人间的美好。孩子们,赶快拿起你们的笔,选定你故事里的主人公,用你们的童心创编属于自己的故事吧。吴老师静静等待一个个美丽的童话像一朵朵的花,开在我的面前。

教学反思

这次的教学体会,最深刻的就是:在孩子的心里播下一颗种子,他们会还给你一片花海。

在这节课里,我主要的目的就是先在孩子们的心里种上一颗微童话的种子,而怎么种,需要孩子童心的激活与唤醒。其实孩子天生就是童话家,可是在我们的课堂里,总觉得少了点什么。是孩子的那份快乐与童真吗?是孩子应该有的那种浪漫的想象吗?说不清。

有时候我们会感慨,孩子的想象力都到哪里去了?其实这句话应该问问我们老师,是我们的想象力没有了。在太多功能性的现实面前,我们太过追求能直接获得的东西了,当我们赤裸裸地用直白的语言,用近乎急功近利的心态来面对孩子的时候,怎么能渴望孩子的世界里还能有浪漫美好的想象!

所以第一个环节,我给孩子们带来一颗种子——微童话《树叶鸟》,让孩子们直观地感受童话的浪漫与美好,感受微童话短短的文字里蕴藏着的暖暖的表达。其实也从另外一个方面,把童话里最美的地方种到了孩子的心里。孩子们是天真可爱的,能说出"我感觉特别美好",足以让人欣慰了。

接着,我带着孩子进入到创编微童话的过程中去。先是带他们仔细观察图片里的事物,认识每个事物本身的特点,然后引导孩子从多个人物身上入手,细致指导故事的创编思路,为了不限定他们的创编,我在他们没有领悟到的地方稍微点拨,点到为止。由于有了前面美好故事的铺垫,孩子创编的故事中的形象大多是美好的。其实并不是不能创编形象丑陋的故事,只是,我觉得用一个童话表现孩子们眼中事物恶的一面,实在有点可惜了,这只是题外话。在孩子心里种下一片绚烂,生命看着都会泛着香吧。

最后,我用了一段话再次回归到我的指导核心上来,这颗种子,不仅是微童话,不仅是浪漫美好的故事,不仅是童言童语,更是我们的一颗童心,有了这颗童心,才能让我们感受到文字美好,生活美好,生命美好。这是我真正想要给孩子们的。

走进课堂,教师便是孩子眼中的大孩子,和孩子一起共生共长,和孩子一起共读共品。记得著名特级教师于永正曾说过这样的一句话:"你微笑地看着孩子,孩子也会微笑地看着你!"同样,我们带着一颗童心来上课,孩子必定会带着自己本身的天真来共享生命的一段愉悦的时光。

当然，这堂课有做得不够好的地方，比如节奏拖沓，比如有些地方引导还不够到位。毕竟是第一次上这样的课，希望今后多多注意，争取上出更精彩的课。

学生习作

奇怪的梦

文/严景昊

“明天见！”告别了好友飞蛾，蜈蚣回到家，洗洗睡了。

“喂，小子蜈蚣！你怎么还不起床？”飞蛾隔着窗户在外面喊着蜈蚣。

蜈蚣惊得手忙脚乱地抓过闹钟——哎哟喂，妈呀，十点了，说好九点跟飞蛾去玩的。

“你等……”还没等蜈蚣说完，突然一阵大风把飞蛾卷了起来，重重摔在了枯叶上。飞蛾的身上、翅膀上都是伤。

“飞蛾！”蜈蚣吓得一下子哭醒了过来……

“喂！蜈蚣！你怎么了？”飞蛾盯着惊魂未定的蜈蚣关切地叫着。

蜈蚣看着一脸急切的飞蛾，忙不迭地伸出手，抱着它，泪水湿了一地。

幸运草

文/臧嫣然

蜈蚣的好朋友飞蛾生病了，蜈蚣心急如焚。它想到一个流传已久的传说：把一片幸运草放在病人的胸前，那个人会病愈。

蜈蚣背着自己生病的好友四处找寻幸运草，山林里、茶园中……突然，它发现河边有一丛幸运草，它高兴极了，它扭呀扭呀，爬啊爬啊，摘下一片片幸运草，撒在飞蛾身上。果然，奇迹发生了，一眨眼的工夫，飞蛾就活蹦乱跳，神气十足，看上去一点事也没了。飞蛾和蜈蚣快乐地玩了一整天。

教思维——行之有效的好办法

授课：徐宏（吉林省延吉市河南小学）

四年级微童话课

课堂实录

一、导入

师：同学们都听过哪些童话故事？

生：《格林童话》《安徒生童话》……

师：能具体说出童话故事的名字吗？

生：《白雪公主》《青蛙王子》《小红帽》《皇帝的新装》……

师：看来你们很喜欢外国童话呀。有读过中国的童话故事的吗？

生1：《猴子捞月》《小猫钓鱼》《小马过河》……

生2：这些童话故事，我很小的时候就听过了。

生3：我在妈妈肚子里就听了。（大家开心地笑。）

师：是呀，童话故事伴随我们长大，给我们带来很多快乐。你们这么喜欢读童话，知道童话有什么特点吗？

生1：童话多运用拟人的写作方法。

生2：童话故事也是一波三折的，结局都是很圆满幸福的。

师：童话故事是作家虚构的，有浓厚的幻想色彩。童话虽然不真，含义却深刻。一起读一读这篇童话，看看还能找到什么特点。

（出示童话故事《三个富翁》，找一名学生读。）

从前，有这么三个富翁。他们相约一起进城，各自用重金买了一件极为贵重的皮袍。

回来的路上，天气突然变冷，他们便将新买的皮袍穿在身上。走着走着，眼看就要下雨。"怎么好让自己的皮袍被雨淋湿呢？"三个人同时这么想着，便就近到一个破庙里暂时躲避一下。他们刚进庙门，果然就大雨滂沱……

他们等了好久，雨还是下个不停。看看天色已晚，可谁也舍不得自己新买的贵重皮袍叫雨淋着，真不知如何是好！

“有了！有了！”一个富翁终于想出了一个绝妙办法。

大家欣然同意：“就这么办吧！”

原来，这个办法是：第一个富翁的皮袍借给第二个富翁穿，第二个的借给第三个穿，第三个的又借给第一个穿。这么着，三个富翁便高高兴兴、心安理得地冒雨上路了。

这三个人都这么想：我穿的皮袍反正是别人的，淋坏了也没有关系，一点也不觉得心痛。

师：这个童话故事有几个主人公？

生：有三个富翁。围绕三个主人公展开了故事情节。

师：对，围绕三个主人公展开故事情节也是编童话故事的构思方法。这节课我们也来写一个有三个主人公的微童话。

二、出示图片，观察、讨论

师：先看一幅图片，选出三个主人公。（图片见本书第1页。）

生：蜈蚣、白蛾、三叶草。

师：三个主人公已经找到了。它们之间会发生什么故事呢？同学们可以在组内交流交流。（学生组内交流后回答。）

生：我想让蜈蚣当大夫，用三叶草给白蛾治病。

师：这个创意不错，你是怎么想到的呢？

生：蜈蚣多足，身子又长，还能吐出毒汁，它的特点符合大夫的身份，能帮助白蛾治病。

师：找到主人公的特点，合理想象，展开故事情节，这是编微童话的好办法。

师：白蛾怎么会受伤？你是从哪儿看出来的？

生：我看到白蛾躺在地上，也许是被大雨拍伤了翅膀。

师：有可能。

生：也可能被火烧到了，有个成语叫“飞蛾扑火”。

师：这是因为飞蛾在夜间飞行时，喜欢往光亮的地方飞。飞蛾扑火，也符合这个角色的特点。

生：白蛾还是害虫，会不会飞到一个小朋友家的台灯下，被小朋友打伤了？

师：这个想法也比较有说服力，可以写写试试。三叶草有什么作用呢？

生：鸟有鸟语，花有花语。三叶草的花语是幸福，谁找到它，它就会给谁带来好运，带来幸福。

师：看来，受伤的白蛾遇到蜈蚣医生，遇到三叶草，一定会被治好病，健康幸福的。蜈蚣是怎么遇到白蛾的？

生：早晨出去散步，看见白蛾躺在冰冷的、刚刚下过雨的地上。

师：本来就受伤了，还遇到下雨天，真是雪上加霜。那么，蜈蚣又是怎么给它治病的呢？

生：白蛾身旁不是有一片树叶吗？蜈蚣可以把它搬到树叶上，让它躺得舒服些，然后再去找能治病的草药。

师：治病时会遇到什么困难？最后病治好了吗？三叶草在什么时候出现比较合适呢？展开你的想象，和同桌交流交流，把这篇微童话编得一波三折，并且合情合理。

（学生再一次通过同桌交流，碰撞出智慧的火花。）

师：好，接下来就请同学们展开合理想象，创编这个小故事吧。

教学反思

学生之前已经写过微童话，有了一定的经验。这节课的主要目的是让学生在图片中找到三个主人公，然后展开合理的想象，创编一篇微童话。

在课堂上，学生能很快找到图片中的主人公，教学环节进行得比较顺利。在说到主人公特点的时候，学生能根据自己的生活经验，把蜈蚣想象成医生，了解到白蛾喜欢到光亮、温暖的地方，三叶草是幸运草，并在各自特点的基础上进行情节设计。通过微童话的创编，学生从喜欢读童话故事逐渐过渡到在阅读中揣摩童话创作的思路。只要打开学生思考的大门，学语文就不是什么难事。教语文就是教思维，教微童话写作是教思维行之有效的办法。

学生习作

白蛾与蜈蚣

文/孟嘉琪

白蛾看见一束光，真炫呀。它情不自禁地朝光飞去，不小心撞到鹰的爪子，在翅膀上留下了抓痕。白蛾的翅膀受伤了,坠落到三叶草上昏了过去。蜈蚣经过时发现了它,血淋淋的翅膀让蜈蚣心软了,把它轻轻地抱到摇篮床上,急急地问三叶草医生:“有什么药可以治白蛾?”医生告诉蜈蚣:“有一种仙药——灵芝,能救白蛾。”

蜈蚣按照医生的提示,走了三天三夜,爬遍了帽儿山,找遍了长白山,终于在大兴安岭的密林深处找到了灵芝。蜈蚣一路狂奔,归心似箭,回到了白蛾身旁,喂它吃了灵芝。

第二天,白蛾又能轻盈地飞舞了,蜈蚣会心地笑了。

白蛾和蜈蚣

文/陈鹏旭

有一天,一条三天三夜都没有吃任何东西的蜈蚣,看到一只白蛾躺在一片枯树叶上,呼吸微弱。蜈蚣想:这是上天赐给我的美食吗?于是快步爬上前去。一看那只白蛾翅膀上的伤,它眼前一亮,想起了几天前的一个傍晚。

那天晚上,阴云密布,不见得一点光。突然,一只老鹰从天而降,要吃掉自己,是这只白蛾飞过来,把翅膀上的粉末弄到老鹰的眼睛里。“噗——”随着老鹰的一声惨叫,自己也死里逃生了。蜈蚣忍住饥饿,去给白蛾采草药。蜈蚣把草药熬成汁,给白蛾的翅膀敷上药。白蛾的伤慢慢好了。

帮助别人就是帮助自己啊。

神奇的树叶床

文/张益嘉

夏日炎炎,一只白蛾飞着飞着看见一块白色的石头,在它眼里,那可不是石头,而是一个干净的小水洼,它使足了劲飞去想泡个澡。砰!这可好,澡没泡成,还把翅膀撞伤了。白蛾急得满头大汗,一只蜈蚣慢慢地爬了过来,问:“漂亮的白蛾你怎么了?”

“我把翅膀弄伤了。”白蛾说。

蜈蚣说:“我家就在附近,先去我家休息一下吧!”

白蛾来到了蜈蚣家,一进门看见好大好漂亮的一张床呀!看起来松软又舒服,白蛾躺在上面美美地睡了一觉。说来也奇怪,白蛾醒来,撞伤的翅膀也好了,它扇动着翅膀飞起来,开心地对蜈蚣说:“蜈蚣兄弟,你的大树叶床好神奇呀,谢谢你!”

豆耳朵

授课:徐丹(浙江省瑞安市塘下镇中心小学)

二年级微童话课

课堂实录

一、耳朵的故事

(一)耳朵的作用

师:我们人人都有一对耳朵,耳朵是我们的听觉器官,我们可以用它听什么?

生:听青蛙的叫声。

生:听音乐。

生:听大自然的声音。

(二)动物的耳朵

师:动物的耳朵也很有意思。(出示各种动物的耳朵,观察形状。)

大象的耳朵像__________。

熊猫的耳朵像__________。

小兔的耳朵像__________。

生:大象的耳朵像大扇子。

生:大象的耳朵像一对大翅膀。

生:熊猫的耳朵像毛绒球。

生:熊猫的耳朵像烤焦了的馅饼。

生:兔子的耳朵像地下通道。

师:动物的耳朵形状多种多样,除了听声音,还有特别的用途吗?

生:蝙蝠的耳朵能发出超声波,它通过超声波来认路。

生:大象的耳朵特别大,可以散热。

二、豆子的耳朵

（一）寻找耳朵

1. 了解植物生长过程，寻找耳朵。

（出示主题：豆子的耳朵。）

师：豆子也有耳朵，真奇怪！这是怎么回事？（出示植物生长过程图。）

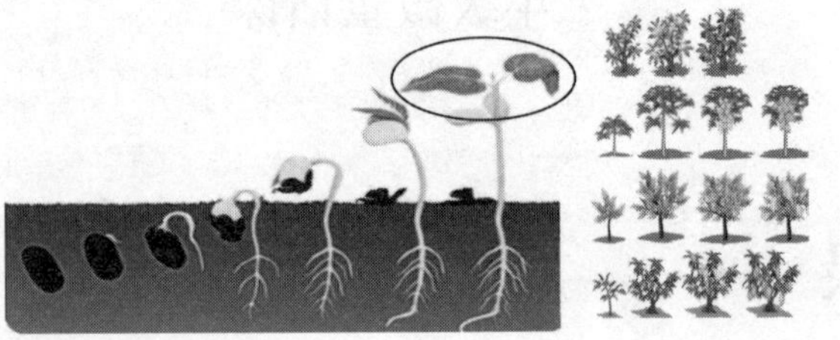

发芽　长叶　长成树 开花 结果

师：找一找豆子的耳朵在哪儿？

生：豆子长出的叶子就是豆子的耳朵。（圈出来。）

2. 构思故事情节。

师：豆子为什么要长耳朵？

生：豆子要去听听外面的声音。

生：它想和其他植物说说话。

生：它要长大，长成树。

师：豆子是怎样长出耳朵的，它做了哪些事情？写下来就是一个童话故事了。

（二）再次寻找耳朵

1. 介绍蚕豆耳朵。

师：小朋友，你们知道吗？蚕豆会长耳朵一样的叶子，大家都管它叫豆耳朵。（学生十分好奇，出示图片。）

豆耳朵

师：一般的蚕豆叶呈椭圆形，叶边微微卷起。而顶端的小叶会发生畸变，使得叶片末端长在一起，犹如耳朵形状。

师：你们看这豆耳朵像什么？

生：像小喇叭。

师：豆耳朵跟哪些动物的耳朵很像？

生：像兔子的耳朵。

生：像袋鼠的耳朵。

生：像梅花鹿、长颈鹿的耳朵。

2. 构思故事情节。

师:豆耳朵是从哪里来的,让我们展开想象!

生:是捡来的。

师:是谁丢了耳朵?

生:是兔子丢的。

师:兔子怎么会丢了耳朵?

生:兔子和乌龟赛跑,跑得太快了,丢了耳朵。【结合以前的故事了,好的。】

生:兔子认为自己的耳朵太丑,把它丢掉了。

生:兔子妈妈太爱唠叨了,兔子宝宝不想听,就把耳朵丢了。(前几天遇到这位学生的家长,家长说这几天孩子脾气特别大,总闲她太唠叨。看来,孩子把自己生活的经历融在里面了。)

师:你们家里有没有爱唠叨的妈妈?(有的学生说有,有的说没有,然后哈哈大笑。)

师:豆耳朵是兔子丢的,这是你们的第一种想象,还有没有其他的可能?

生:借过来的。

师:兔子会向谁借呢?借过来干什么呢?

生:有了耳朵可以听电视中的声音。

生:可以听听大自然的声音。

师:大自然有哪些美妙的声音?

生:小河哗啦啦地流过,风的声音,鸟叫的声音。

生:小朋友的欢笑声。

师:我们耳朵痒的时候,会掏掏耳朵。那谁为豆宝宝掏耳朵呢?这也会是个有趣的故事。

三、总结引导,学生习作

(一)结合板书引导

师:豆耳朵长得像喇叭,像兔子的耳朵,我们可以编故事;豆耳朵是从哪儿来的,借的还是捡的,我们可以编故事;豆耳朵可以做哪些事情,我们可以编故事;豆耳朵痒的时候,谁会为它掏耳朵,会掏出些什么呢,这又可以编故事。现在,你可以选择一个点,来编自己的童话故事啦!

(二)学生习作

(略。)

教学反思

提升。这是我们班开展的第三次微童话学习。前两次微童话课之后,正是期中考试,考试的作文是看图写话。第一幅图:小熊、小猴和小象在河边踢球,不小心把球踢进了小河里。第二幅图:它们取回了球。它们是怎么取回球的?两幅图之间的空白处,就是这次看图写话的重点。批改试卷时,我发现孩子们的想象很丰富,又在情理之中。小象用鼻子勾回了球,小猴倒挂金钩拿到了球,三只小动物齐心协力来取球,请小鱼帮忙顶回了球,河马、大风、大浪也来帮忙……孩子们的思维大放异彩,这是意料之外的,也是意料之中的。微童话学习真的有如此神奇的力量,它释放了孩子们的想象,让孩子们的童心飞扬。在每次的微童话写作之后,我又进行习作讲评,孩子们的语言表达能力也一次次地得到了提高。

思路。微童话学习中,教师如何引导、发散孩子们的思维,这一点非常重要。正像陆生作老师所提倡的,课堂中不断地追问,这真是一个法宝。老师要在课堂上引导学生打开思路,必须自己在课前下功夫。这次微童话教学以"豆耳朵"为主题,我首先思考:豆子的耳朵会是什么样的?与动物的耳朵会有什么关联?豆子为什么会有耳朵,可以用倒叙的方法写吗?我也查阅资料:耳朵的形状、作用,关于写耳朵的童话,豆耳朵的相关介绍……在课堂上,学生在我一步步的引导下,也有一些思维的火花,带给我惊喜。最后,孩子们写下来的童话细节处会有很多创新,但写作构思都是在预料之中的,并没有游离在预设之外。这是不是一件好事呢?如果结合一些写作策略,如"找伙伴""大小"等等,学生的思维是否会更活跃?此时已是一头雾水。且行且思,且思且行吧!

学生习作

掏耳朵

文/徐朗宸

豆耳朵喜欢收集声音。这些天,它觉得自己的耳朵越来越痒了。风医生跑来了,说:"让我给你掏掏耳朵吧!"风医生掏呀掏,掏出了小河哗啦啦流过的声音;风医生掏呀掏,掏出了狐狸和乌鸦的争吵声;风医生掏呀掏,掏出了小朋友的一片欢笑声……

豆耳朵

文/朱漫漫

早上，小兔在考试时，不小心睡着了。小兔醒来时，考试已经结束了，它考了个零分。小兔回到家，被妈妈骂了一顿。它就把自己的耳朵扔了，这样就不用听到挨骂的声音了。兔耳朵被蚕豆树爷爷捡去了。它把耳朵染得绿绿的，放在树叶丛里，大家都管它叫豆耳朵。

豆子的耳朵

文/吴雯璇

豆子很不开心，因为它没有耳朵。豆子就问小河："小河姐姐，我怎么做才能有耳朵呢？"小河说："你只要耐心等待，就会有耳朵的。"豆子听不清，又去问风儿："风姑娘，我怎么做才能有耳朵呢？"风儿说："你只要慢慢等待，就会有耳朵的。"豆子还是听不清，就垂头丧气地走了。忽然，一阵鸟鸣声传到豆子的耳朵里。它往脑袋上摸了摸，自豪地说："我终于有耳朵啦！"

长出耳朵来啦

文/戴楷宸

一天，叶子宝宝看见小朋友们在绿叶底下玩。叶子宝宝也想跟他们一起玩。它心想：我要先长出耳朵，听听他们在说什么。叶子宝宝使劲地把自己的身体卷起来，卷成一个小喇叭。叶子宝宝高兴地叫起来："我长出耳朵来啦！"

第二技 No.2

微童话教学角度二：给主人公找伙伴

出题人：陆生作

这一次学习技法：给主人公找伙伴。

常说“一个巴掌拍不响”，写微童话也是这样的——有不同的人物，有碰撞，就会有故事产生。教孩子从一个写作触发点（比如一只蜗牛）发散开去，给它找个伙伴，构思出故事。其实就是故事中“主角与配角”的问题。

下图为上课用图。图中只有一个动物：一只蜗牛。写故事时，得给它找一个或几个伙伴，伙伴不用多。蜗牛可以是主角，也可以是配角，但故事中一定要有蜗牛。

微童话教学的参考步骤

第一步：找一找蜗牛的特点。

第二步：思考这些特点有什么用处（用途）。

第三步：构思故事情节（追问出一个故事框架）。

第四步：把想好的微童话写下来。

在这里需要注意的是，在追问的时候，要抓住学生回答的亮点，由此展开有效的追问。追问要彻底，所谓彻底，就是要问出一个完整的故事。这个故事，最好能够出现在课堂实录后边的学生习作中。这样对一个课堂实录来说，会更有价值一些。课堂实录与学生微童话习作不能脱节，一定要紧密联系起来：课堂实录是集体构思的过程，学生作品是最终个性的呈现。但不强求，有的学生思路很活，但写下来就“缺胳膊少腿”了。思路宽，思维活跃，本身就有很大价值，至少课堂气氛会很好。

课堂的导入，请老师们各施各法，不必统一，根据学生的具体情况展开。老师的引导要切合实际，不用“高大上”，管用是最好的。理念是个方向，课堂是实践，理念在老师心里，而课堂内容是在理念指导下的具体操作。操作，一定是要有效果的。

把思维发散开去，蜗牛可以有哪些伙伴呢？比如：青蛙 + 蜗牛，花朵 + 蜗牛，鳄鱼 + 蜗牛，大树 + 蜗牛，蘑菇 + 蜗牛，蜗牛 + 蜗牛……

这次提供给各位老师参考的是两篇有关蚂蚁的微童话。一篇是“蚂蚁 + 谷子”模式，王勇英老师的《蚂蚁和一粒谷子》。

> 小蚂蚁在田边捡到一粒谷子。它大声问：“这是谁掉的谷子？”没有人回答。小蚂蚁就守着这粒谷子，一天又一天过去了，直到谷子发芽，长成禾苗，扬了禾花，又结了一串沉沉的谷穗。后来，小蚂蚁有了一小片禾田。小蚂蚁还在原来捡到谷子的地方守着，等着丢失那粒谷子的人回来，还给他这一片禾田。

另一篇是“蚂蚁 + 苍蝇”模式，我的《蚂蚁急救队》。

> 苍蝇吃了脏东西，肚子痛，倒在地上，挡住了小蚂蚁的去路。小蚂蚁动动触角，咬了苍蝇一口，急急忙忙跑走了。一会儿，一条黑线从墙角洞里爬出来，越来越长，把苍蝇捆了起来。是小蚂蚁！它引来伙伴，齐心协力把苍蝇抬进洞里去了。苍蝇会有危险吗？不不不，那是医术高超的蚂蚁急救队在救苍蝇呢。

上课的时候，可以以此为例导入。有关“蚂蚁”的微童话，可以加“谷子”，可以加“苍蝇”，那“蜗牛”可以加什么呢？从发现蜗牛的特点开始，找到特点的用途，然后追问情节。

不要担心孩子们写不出微童话

授课：陈姗姗（浙江省义乌市宗泽小学）

二年级微童话课

课堂实录

一、猜谜导入

师：同学们，上课之前，咱们来猜一个谜语。（出示谜面。）你们知道这是什么吗？

生：蚂蚁！

师：真棒！就是一只小小的蚂蚁。这只小蚂蚁啊，它只有自己，实在是太孤单了，于是它出发去找朋友，猜猜它都遇到了谁呢？【这次上课所用的技法——找伙伴，悄悄藏在里面了。】

二、欣赏童话

生：小蚯蚓。

师：小蚂蚁会和小蚯蚓说什么呢？

生：小蚂蚁会说："早上好啊！蚯蚓。"

师：这是一只懂礼貌的小蚂蚁。小蚂蚁还会碰到谁呢？

生：小蚂蚁还遇到了蚂蚁小朋友。

师：蚂蚁遇到了蚂蚁小朋友，它们之间会发生什么事啊？

生：它们会一起去寻找食物。

生：小蚂蚁遇到另外一只小蚂蚁，它们触角碰碰触角，然后一起去找食物了。【两个回答的对比，有细节，有画面。】

生：小蚂蚁还可能碰到小蜜蜂。

师：碰到小蜜蜂，打完招呼，它们之间会发生什么事情？

生：小蜜蜂会采蜜，它把自己采到的蜂蜜给小蚂蚁吃。【特点用上了！蜜蜂采

蜜,蚂蚁爱吃甜食,匹配。】

师:真是一只会分享的小蜜蜂。那么作为回报,小蚂蚁会做什么呢?【回报,是一种故事结构,民间故事常见“报恩型”故事。】

生:小蚂蚁也会把自己找到的食物给蜜蜂,说:“谢谢你,蜜蜂妹妹。”

师:它们可真懂礼貌啊!今天,陈老师也带来了一篇微童话,主角也是一只小蚂蚁,小蚂蚁这次遇到的可不是动物朋友,咱们一起来看看作家王勇英的微童话《蚂蚁和一粒谷子》。

> 小蚂蚁在田边捡到一粒谷子。他大声问:“这是谁掉的谷子?”没有人回答。小蚂蚁就守着这粒谷子,一天又一天过去了,直到谷子发芽,长成禾苗,扬了禾花,又结了一串沉沉的谷穗。后来,小蚂蚁有了一小片禾田。小蚂蚁还在原来捡到谷子的地方守着,等着丢失那粒谷子的人回来,还给他这一片禾田。

师:有趣吗?所以说,小蚂蚁不一定碰到动物朋友,对吗?它也可能遇到植物朋友。你再来想想,小蚂蚁还遇到了谁?【打开了想象空间,不只是动物朋友。】

生:小蚂蚁遇到了叶子。

生:小蚂蚁遇到了丁香花。

生:小蚂蚁遇到了种子妹妹。

师:小蚂蚁遇到不同的朋友会发生不同的故事,比如遇到谷子,它收获了禾田。有一次,小蚂蚁可是遇到了不同的朋友,咱们再来看看。

(出示陆生作老师的微童话《蚂蚁急救队》。)

> 苍蝇吃了脏东西,肚子痛,倒在地上,挡住了小蚂蚁的去路。小蚂蚁动动触角,咬了苍蝇一口,急急忙忙跑走了。一会儿,一条黑线从墙角洞里爬出来,越来越长,把苍蝇捆了起来。是小蚂蚁!……

师:猜一猜,接下来会发生什么?

生:小蚂蚁们把苍蝇搬回窝里,苍蝇变成了食物。

师:这是一种结局,还有其他不同意见吗?

生:蚂蚁们救了小苍蝇。

三、尝试写作

师:所以在童话世界里啊,所有的事情都有可能发生呢!你们想不想自己来编一个童话故事?那我们来试一试吧!看图,你看到了什么?(出示图片,见本书第44页。)

师:这是一只——蜗牛,你们了解蜗牛吗?

生:蜗牛有两对触角。

生:蜗牛背着一个壳。

生:蜗牛喜欢潮湿的地方。

生:蜗牛的身子扁扁的。

生:蜗牛怕盐。

生:蜗牛爬的速度很慢。【从特点入手。】

……

师:你们真会观察,而且你们懂的可真多!蜗牛和小蚂蚁一样,不喜欢孤孤单单,出发去找朋友了。你们猜,小蜗牛会找到谁当朋友啊?又会发生什么有趣的事情呢?【与课堂开始连接,形成一个整体,也在暗示学生“找伙伴”的技法。】

生:小蜗牛遇到了小蚂蚁。

生:小蜗牛遇到了乌龟。

生:小蜗牛遇到了一片叶子。

生:小蜗牛遇到了蚯蚓。【动物、植物都有了。】

……

师:小蜗牛遇到了可多的朋友呢!接下来请小朋友们选择其中一个,然后想象小蜗牛遇到朋友之后会发生哪些有趣的事情。

生:小蜗牛遇到了一片叶子,它捡起叶子,想了想:一片叶子有什么用呢?对了!我可以把它当作一把伞啊!下雨的时候就不怕被雨淋了!过了一会儿真的下雨了,小蜗牛撑起自己的叶子伞。它没有被雨淋到。

师:你的想象力真丰富!我们还可以想想,叶子除了当雨伞,还可以做什么呢?

生:当轮船!

生:当降落伞!【一物多用,散开去了,好!】

师:是啊!所以我们在写故事的时候,还可以再多写一些,对吗?其他小朋友也迫不及待了吧?你们也想和其他同学分享自己的故事,对吗?请你们写在草稿纸上!

教学反思

这一次的课,感觉比蜈蚣和飞蛾那一幅图的课难上一些。

上一幅图,有情境(一片潮湿的地)、有主角(蜈蚣、飞蛾等),孩子们的微童话创作有支撑。这一次,只有一只蜗牛,引导起来略吃力。

在教学的时候,我先让孩子们尝试通过给蚂蚁找朋友创作微童话。一开始孩子们找到的朋友都是动物，之后的发言也都大同小异。于是，我给孩子们看了《蚂蚁和一粒谷子》。紧接着，我又给孩子们欣赏了《蚂蚁急救队》，这次并不是直接出示全文，而是给他们看了前半部分，让他们猜之后会发生什么。很显然，孩子们兴趣浓厚，我也借此机会告诉他们微童话可以写得有趣一些、结局出乎意料一些。

学生欣赏完两个微童话之后，看这次的微童话主题图片。我先让学生观察图上的蜗牛，说说它的特点，再让他们尝试给蜗牛找朋友，构思自己的故事。因为我上二年级两个班的品社课，这一次我也给二年级两个班的学生上了微童话课。在第一个班级上课的时候，我让孩子们在课堂上说出自己的故事，结果发现在前面几个孩子说了自己的故事之后，后面许多孩子都是写类似的故事了。因此在第二个班级上课的时候，我避免了让太多孩子来说故事情节，这一次写出来的故事内容就更丰富了。【也可。追问还是有，数量少一点，但一定要激发大部分学生的想象力，这样写起来才有话可说。】

上完课之后感受比较深的是，从我的角度来看，这次微童话会比较难写，但是对孩子们来说，想象的空间却更大，完全不用担心他们写不出微童话。【这一课上得稳扎稳打。】

学生习作

蜗牛和树叶

文/朱振杰

一天，蜗牛捡到了一片树叶，蜗牛想：树叶能有什么用呢？这时，蜗牛见前面有一条小溪，它想：把树叶当小船不是很好吗？然后蜗牛就把树叶放到小溪上，自己爬上去，到了河对岸，蜗牛想：这片树叶还是挺有用的。这时，下雨了，蜗牛没有伞，怎么办呢？它想到了自己还有树叶啊，它把树叶顶在头上，树叶变成了伞。雨停了，到晚上了，可是，它没有床，怎么办呢？它就把树叶当自己的床。第二天，小蜗牛去玩了，它来到小溪边，把树叶放到小溪上当冲浪板，玩得可高兴了！

蚂蚁和蜗牛

文/何志远

一天，蚂蚁看见一只蜗牛。小蚂蚁说："我爬行比你快。"蜗牛没说话。小蚂蚁说:“你不说话,肯定比不过我!”“那可不一定。”“那好,我们比赛吧!”“好!”开始比赛了,小蚂蚁在前面,蜗牛在后面。蜗牛爬呀爬,爬呀爬,不小心缩进壳里滚了起来,一下就超过小蚂蚁了,得了第一。小蚂蚁虽然不服气,还是回了家。

蜗牛和蝴蝶

文/何婕

有一天蜗牛吃完了中饭到外面去散步。爬呀爬呀,它看见一只蝴蝶停在一片树叶上,蜗牛上去有礼貌地问:“你好,蝴蝶,你能帮我实现一个愿望吗?”蝴蝶说:“好的,请你说说想实现什么愿望?”“我想飞上天。”蝴蝶说:“好的。”蝴蝶把蜗牛放到自己身上,飞了起来,蜗牛高兴极了,说:“我从没想到过我能飞上天,从现在起,我们做好朋友吧?”蝴蝶说:“好!”蜗牛有了新伙伴。

比硬

文/吴展锐

一天,蜗牛遇见了一只乌龟。它俩都夸自己的壳硬,乌龟说:“我的壳坚硬无比,不相信的话我们就来比试比试。”乌龟和蜗牛缩进壳里,连续碰撞了好几次,蜗牛的壳碎了,它不但自己撞疼了,自己的房子也没了,它终于相信乌龟的壳更硬了。

在"追问"的旅途中发现阳光

授课:方志明(浙江省杭州市下沙第二小学)

四年级微童话课

课堂实录

课前准备 PPT。

一、些许成功,鼓励孩子进入新课题

师:孩子们,第一次的微童话写作课"蛾子与蜈蚣"你们表现很好,要继续努力哦。

生:欢呼!

师:孩子们,你们喜欢微童话吗?

生:喜欢。

二、出示图片,回忆写作过程

1. 出示图片,认识主人公,寻找特点。

师:好! 那我们今天进行第二次的微童话尝试。(课件出示蜗牛图片。)

生:蜗牛,蜗牛……(学生小声嘀咕。)

师:你们看到了什么?

生:(异口同声)蜗牛。

师:你们看过关于蜗牛的童话故事吗?

生 1:《蜗牛和黄鹂鸟》。

生 2:《蜗牛送信》。

生 3:《蜗牛上学去》。

师:哦,同学们了解这么多关于蜗牛的故事,它就是今天微童话的主角,你们能不能创造一个属于自己的蜗牛故事呢?

生:能。

师:好! 同学们还记得吗,写微童话的时候我们要关注蜗牛的什么?

(生窃窃私语。)

生:好像是要找它的特点。

师:对,同学们记性不错。我们写微童话的第一步就是要找出它的特点。那请你们想想,蜗牛有什么特点?

生1:有一个房子。

生2:身体很软。

生3:喜欢温暖潮湿的地方。

生4:爬行很慢。

师:同学们很会找,那请同学们好好想想,你们今天想用蜗牛的哪个特点呢?

2. 思考、追问,勾勒故事情节。

师:孩子们,这只蜗牛怎么了?

生:在找什么东西。

师:也可能在等什么?

生:可能是……

师:是什么?

生:自己的孩子。

师:它为什么要等孩子? 它孩子怎么了?

生:可能走丢了。

师:为什么会走丢?

生:可能是贪玩,迷路了。

师:那怎么办?

生:去找。

师:怎么找?

生:爬着去。

师:这里是不是可以用上蜗牛的特点呢?

生:是的,它爬得慢,找了很长时间都找不到。

师:我们得想办法帮它,想什么办法呢?

生:找伙伴。【千呼万唤始出来。自然引到本课技法重点。且,这伙伴是有用的,不是随便找的。】

师:孩子们,此处应有掌声。你们觉得找什么伙伴好呢?

生:小鸟。

师:为什么?【小鸟的特点也用上了。】

生:小鸟飞得高,能够侦察小蜗牛在哪儿。【角度一。】

师:还有其他理由吗?

生:蜗牛妈妈爬得慢,小鸟可以带它飞去找。【角度二。】

师:微童话故事有了吗?心里有想法了吗?

生:嗯。

3. 出示范文,引发创意思考。

师:孩子们,一只蜗牛很孤单,一只蜗牛的故事不够有吸引力,我们得给它找个伙伴。下面我们来欣赏两则童话。(出示PPT,王勇英的《蚂蚁和一粒谷子》,陆生作的《蚂蚁急救队》,参看本书第45页。)

师:两篇微童话分别给蚂蚁找了谷子和苍蝇两个伙伴,蚂蚁的特点也描述清楚,故事有创意。

4. 按照一定的思路,再追问。

师:下面我们按照这样的思路进行:这只蜗牛怎么了?我们找谁当伙伴呢?你为什么选择这个伙伴呢?用上蜗牛的特点。给你们两分钟的时间,然后我们继续交流。

(两分钟后……)

生:这只蜗牛被水淹了,我选择鳄鱼,因为鳄鱼能游泳。

师:为什么被水淹?

生:下了很大的雨。

师:蜗牛的特点是爬得慢。

生:所以它逃不掉,就要被水淹没。

师:这时你选择的伙伴是?

生:也是鳄鱼。

师:鳄鱼怎么救它?

生:放在背上,游到岸边。

师:还有更好的方法吗?

生:放在鳄鱼嘴里。

师:精彩!你的灵感来自哪儿?

生:有一篇文章就是这样写的,放在嘴巴里,可以更温暖,而且再也不会淋到雨了。

师:一篇微童话也就成形了。恭喜你们,我们相互合作,汇聚大家的智慧,创造属于我们的超级、美丽微童话。

5. 按照思路,同桌互相追问。

师:下面请同学按照PPT上的思路,同桌之间试试,像老师一样追问。

（生尝试中。）

师：我想大家都有自己的想法了，下面我们就走进微童话，开始创作。注意“微”。

三、学生创作

（略。）

教学反思

第二次尝试，自觉进步了。

一是整堂课的构思清晰巧妙。从激发兴趣，到简单追问出故事，然后到优秀作品欣赏，按照一定的思路继续追问，再到学生间相互尝试追问，最后创作，教学环节较紧凑，教学效果比较理想。

二是这节课的追问形式有创新，有同学之间的追问，也有教师的追问。多种形式的追问，不仅能提升学生的思考力，提高学生的参与度，还可以避免教师一言堂，避免单一思维，让更多孩子参与构思，让每位孩子的作品更加丰满。

三是孩子们的参与度较高，参与热情高涨，我们为此还创设了班刊，学生都把自己的作品用电子稿的形式传给了我。

需要改进和提升的地方还有很多。一是教师引导水平还需要提升，由于引导不当，学生总是用现实的眼光去构思童话。二是追问深度还不够，学生的作品容易出现雷同，真正有创意的还不多。三是课堂还不能面对全体学生，课堂深度也不够，对于一些孩子的想法，还不能很好地通过有效追问去引导。四是还要思考如何教会学生更好地追问。五是发现部分家长参与热情也较高，可惜他们的观点是要篇幅长，而且要写具体。【兴趣第一，有兴趣写长很简单，比如找小蜗牛——请小鸟去侦察，发现在水里淹着呢，这时鳄鱼来帮忙，解救小蜗牛成功……把几位学生的故事连起来，不就变长了吗？不就是一个新故事了？篇幅长与写具体，不存在水涨船高的关系。】

热情，有些孩子一口气写了两篇；期待，期待更多的学生能走入童话，写出心底的真善美。

学生习作

蘑菇怪

文/方闻一

蜗牛的家整天被太阳照,只好搬家。

蜗牛爬呀,爬呀,三天过去了,才爬了一米,它没有办法,只好躲在蘑菇下面。“你是谁?”蘑菇问。“蜗牛。”它回答。

一天,来了只萤火虫,蘑菇怕极了,生怕被咬。蜗牛大喊:“快滚!”“快滚!”蘑菇附和道。萤火虫一听,吓了一跳,大叫:“妈呀！蘑菇怪来了,有两个声音的蘑菇！救命!”说完,便落荒而逃。

蜗牛和蘑菇,笑了。

小蜗牛找朋友

文/宋依然

有一只蜗牛叫小蜗,大家都嫌弃它身上有黏液,太恶心。小蜗很孤独,想要出去找朋友。

小蜗爬呀爬呀,爬过了绿色的田野,来到了一条小河旁,看见了一只黑不溜秋的小蝌蚪。小蜗帮它找到了青蛙妈妈,和它们成了朋友。下雨了,小蜗用自己的壳紧紧护住了一只来不及搬家的蚂蚁,它们也成了朋友。

雨过天晴,小河边传来了做游戏的声音。小蜗的笑声传得很远很远……

鳄鱼和蜗牛

文/赵颜

一天,小蜗牛奇奇偷偷跑出去玩。突然,下起了滂沱大雨。

奇奇它爬得慢,大雨马上就把它的身体淹没了。慢慢地,它倒下了。当奇奇快死的时候,鳄鱼看到了奇奇并救了它,把它含在嘴里,让奇奇充满暖气,再把它送回家。

原来鳄鱼的嘴才是最好的家啊!

特“快”快递

文/章子聪

一只蜗牛到城里找工作。

它在快递公司找到了工作，任务是爬过一百座山，路过一百个房子，走过一百条小径，给一个老奶奶送一个快递。尽管它很卖力，累得满头大汗，可是蜗牛太慢了，怎么称得上“快”递呢？它也认识到这个问题，又刚好看到树上的黄鹂鸟，于是蜗牛说：“阿黄帮帮我，帮我送一件快递。”黄鹂鸟说：“行，你到我背上来。”

起飞了，蜗牛像指挥家似的指着路。送完了，蜗牛又飞回来。它们都笑了。

想飞的蜗牛

文/任欢

一只蜗牛，它很想飞，于是，它离开了家乡。

它看到鸟儿，问：“你能带我飞吗？”“不行！”鸟儿说。蜗牛只好离开。

它走得很慢，来到芦苇丛中，它看到大雁，问：“大雁大雁，带我飞，好不好？”“对不起，我不能。”大雁说。

它很难过，为什么它不是一只鸟儿！它来到花丛中，哭着睡了。它做了个好梦，它梦见萤火虫飞来了，它问：“萤火虫，您能带我飞吗？”“好啊。”萤火虫高兴地说。小蜗牛来到天空，看到了高山、流水、花丛……

小蜗牛一拱一拱往前爬

授课:洪岳(浙江省义乌市实验小学)

一年级微童话课

课堂实录

一、我就像蜗牛——认识蜗牛

(上课,老师出示小蜗牛图。)

生(众):小蜗牛!

师:都认识,你们能给大家具体地介绍一下吗?

生1:它有两对触角。

生2:它有个壳,那是它的房子。

生3:小蜗牛吃嫩叶。

生4:它爬得很慢……

师:能给大家演示一下它是怎么爬的吗?

生4:(两手并拢,身体一扭一扭。)它就是这样一拱一拱往前爬的。

设计意图

由静而动,图片导入,想象运用,言意兼得。在想象中,孩子不仅有语言的描述,还有动作的模仿,课堂气氛一下子活跃起来。低年级的童话教学我向来不主张视频导入,原因有二:一是视频导入会极大地磨灭孩子想象的可能性,二是视频导入会不自觉地忽视孩子的主动参与性。

二、碰到了谁呢?——想象情节

师:是啊!小蜗牛就是这样一拱一拱往前爬,它碰到了谁呢?

生:它碰到了小青蛙。

师:然后呢?

生:它们就成了好朋友。

师:哈哈,有意思。小蜗牛和小青蛙怎么会成为好朋友呢?

生:小蜗牛说“你好,青蛙”,小青蛙说“你好,蜗牛”,它们就这样说着说着成了好朋友。

师:哦,说着说着成了好朋友。我们班同学也会找好朋友,你们找好朋友,除了说着说着成为好朋友,还有别的方法吗?

生:我们会互相送礼物。

师:请你从小蜗牛一拱一拱往前爬,连起来说。

生:小蜗牛一拱一拱往前爬,碰到了小青蛙。小蜗牛给小青蛙一片嫩叶,小青蛙说“谢谢”。小青蛙给小蜗牛一只小虫,小蜗牛说“谢谢”。它们就成了好朋友。

师:小蜗牛会吃小虫吗?(生答“不会”。)小青蛙会吃嫩叶吗?(生答“不会”。)那它们怎么会成为好朋友呢?

生:它们交换礼物就成了好朋友了。

师:好吧!这也可以。还有没有更有意思的交换礼物的方式?

(众生摇头。)

师:我也不知道。不过等会儿你们想到了再写也可以。除了交朋友,小蜗牛一拱一拱往前爬,还会碰到谁?发生什么事?

生:小蜗牛一拱一拱往前爬。我看见了就说:“小蜗牛,你在干什么?”小蜗牛说:“我在找妈妈。”我说:“我看到公园里有一只大蜗牛,长得和你一样。”小蜗牛说:“公园在哪里啊?”我说:“我送你过去吧!”小蜗牛就爬到我的手上,我送小蜗牛到公园。小蜗牛和大蜗牛在一起了。

(掌声响起。)

师:太棒了,这是找妈妈的故事。小蜗牛一拱一拱往前爬,碰到“我”,碰到小动物,或许还会碰到更让人意想不到的……

生1:会碰到蛇。

师:或许蛇想吃掉蜗牛,蜗牛会怎么办呢?现在我们不说,等会儿大家写到本子上。还有更让人意想不到的吗?

生2:小蜗牛一拱一拱往前爬,碰到山羊。

生3:碰到树叶。

师:树叶一定非常有意思。

生4:碰到乌龟。

设计意图

紧紧抓住孩子的发现——“身体一拱一拱往前爬”，趁机引导学生展现无限的想象：会碰到谁呢？会发生什么事呢？在这个教学环节，我先紧抓一点，不断追问，努力为孩子示范完整童话的想象结构。第二步，拓展想象角度，“一拱一拱还会碰到谁呢？”蛇、乌龟、树叶，使学生不只是局限于“交朋友”的框架之内。我只在这里打开一个口子，并不完全展开，为接下去的童话创作留下想象空间。

三、认真地爬格子——创作童话

师：小蜗牛一拱一拱往前爬，每位小朋友的故事一定都不一样，让我们写下自己的故事。要求：端正书写，不会写的字可以写拼音。比比谁写得更好玩。

（教师巡视指导。）

四、让蜗牛更有趣——交流反馈

师：我们来比较两篇小朋友创作的童话，你喜欢哪位同学的蜗牛？分别是刘琪的《小蜗牛交朋友》和周晨希的《小蜗牛不换壳》。（见本课后“学生习作”。）

生 1：我喜欢刘琪的小蜗牛，因为它能找到好朋友。

师：我们来听听不同的意见。

生 2：我喜欢周晨希的小蜗牛，因为它最后明白了一个道理，自己身上的壳最好。

师：两位小作者的蜗牛都有非常好的结局。

生 3：我喜欢周晨希的蜗牛，因为它碰到了两个人，刘琪的蜗牛只碰到一个人。

师：周晨希的童话更复杂，写得具体，所以你喜欢，有道理。

生 4：我也喜欢周晨希的蜗牛，因为蛇咬住了蜗牛，蜗牛后来缩进壳里，更加惊险。

师：你发现了情节要让读者担心，所以喜欢。

生 5：我不喜欢周晨希的（蜗牛），我喜欢刘琪的（蜗牛），因为蜗牛交朋友的过程也很有意思。

生 6：我喜欢刘琪的，因为刘琪的蜗牛说话很好笑——它们说着说着就成了好朋友。

（课堂发言很热烈。）

设计意图

我以“你更喜欢谁的小蜗牛”这个话题切入，使孩子们在不经意中阅读、比较他人的童话作品。在比较的过程中，孩子们其实也是在总结一些童话创作的技巧，然后努力将自己的童话写得更让人爱读——有情节的变化，有想象的新奇，有语言的趣味。

师：大家说的都有道理，其实刚才大家发现了写童话的很多秘诀。那么接下来，大家再修改修改自己写的童话，争取让读者更喜欢。但是我发现有的小朋友字写得不清楚，能够改正自己童话中不漂亮的生字，我想读者一定会更喜欢你的童话。

（学生修改童话。）

设计意图

为了让孩子们学会修改自己的童话，我从孩子们关注的书写正确、端正、清楚入手，先让孩子们修改文字，再引导孩子去读自己的童话，修改童话。

教学反思

牧养孩子的创意想象

儿童时时处处都生活在新鲜动感的生活中，自身就拥有一座取之不尽的生活富矿——想象。儿童更具有游戏心态，这个心态创造了一个生机盎然、充满灵性的世界。起始年段童话创作教学只要真正融入儿童的世界，与梦想一起飞翔，就会变得有声有色，有滋有味。

这堂课我就带着玩的心态，和孩子们一起去想象“小蜗牛会碰到谁呢”。但是不能急着问，因为孩子还没有进入蜗牛的世界。于是，我先让孩子聊蜗牛，这一聊，孩子们就不知不觉地走进了蜗牛的世界。课堂上，我敏感地发现了孩子的语言本就富有童趣，于是我围绕着孩子们课堂上的生成表达——小蜗牛一拱一拱往前爬，这个非常富有童趣，又非常富有动感的句子，引导孩子去想象：小蜗牛会碰到谁呢？会发生什么事呢？因为前面的无意聊天，学生在想象的时候自然而然地会关注到小蜗牛的壳、小蜗牛爬得慢等这些特点。

通过教学，我才发现，我所需要做的不是设置更多的规范，更多的框架，而是全心地牧养孩子的想象，呵护孩子的表达。因此本节童话创作课，顺应儿童心理，围绕一个“趣”字，激发了儿童的想象，走进儿童的内心，顺势引导他们用童言去表达，极大地激发了学生的创作与表达欲望。在收课环节，以开放的教学理念和教学姿态，采用“你更喜欢谁的蜗牛”的提问，用游戏活动搭建了孩子的语言表达世界，抓住课堂生成资源，引领学生主动走下座位与同学分享、交流、辩论。正是在这个分享过程中，学生的想象力被激活，童心被点亮。学生展现自我，体验成功，享受童话创作带来的乐趣。

预设的正确周密是课堂实效的基础，实施的灵活自然是课堂高效的关键。正因为教师在课堂上时刻关注儿童，顺应儿童，让自己永葆童心走进孩子的世界，与孩子玩在一起，所以整堂课上，孩子的童真、童趣、童言、童情，始终处在自然喷发状态，这就是我们作文教学所追求的最高境界。

学生习作

小蜗牛找妈妈

文/马旭含

小蜗牛每天都会一拱一拱地往前爬，真奇怪。

我问它：“你为什么要爬呀！”

小蜗牛说：“我要去找妈妈。”

我说：“公园里也有一只和你一样的大蜗牛。”小蜗牛说：“公园太远啦，我爬不到。”

我就把小蜗牛放在我的手上，把它带到了公园。两只蜗牛一见面，就角对角地碰在一起，开心地玩了起来。

我猜，它一定就是小蜗牛的妈妈。

小蜗牛拖地

文/张智博

小蜗牛一拱一拱地往前爬，碰到了小鱼。

小蜗牛说："小鱼，我们能交朋友吗？"小鱼忙着做家务，没理它。小蜗牛一看，帮着小鱼拖地。

小蜗牛拖过的地湿漉漉的，小鱼最喜欢。小蜗牛和小鱼就交上了朋友。

小蜗牛交朋友

文/刘琪

小蜗牛一拱一拱地往前爬，就这样一个人走着散步。这时，它碰到了大螳螂。

小蜗牛有点儿害怕，小心地对螳螂说："大哥，我们可以交朋友吗？"

螳螂说："我为什么要和你交朋友啊？"

蜗牛说："因为我很久没有好朋友啦。"

螳螂又说："我也好久没有朋友啦。"

说着说着，它们就变成了好朋友。

小蜗牛不换壳

文/周晨希

小蜗牛觉得自己的壳很旧很旧了，就想换个壳。它一拱一拱地往前爬，碰到乌龟。小蜗牛说："乌龟，你的壳，借我用一天好吗？"乌龟说："不可以，如果我把壳给你可就没法隐藏了，老鹰会抓到我的。"

小蜗牛又一拱一拱地往前爬。忽然一条蛇咬住了它，蜗牛赶紧把身体、脑袋都缩进壳里。蛇咬不动蜗牛，只好吐出来，走啦。

小蜗牛开心地笑了，说："旧壳也很管用啊！"

走进微童话

授课：陆华宇（江苏省南通市八一小学）

五年级微童话课

课堂实录

一、课前聊天，激发兴趣

1. 听音乐，哼歌曲《蜗牛和黄鹂鸟》。

（轻快的音乐一下子就勾起了学生的兴趣，他们情不自禁地打着节拍轻轻地哼唱起来。良好的开端。）

2. 谈歌曲。

师：歌曲中唱的是谁？

牛：蜗牛和黄鹂鸟。

师：这里的主角是谁？

生：蜗牛。

师：蜗牛在干什么？

生：爬葡萄藤。

师：黄鹂鸟又在干吗？

生：嘲笑蜗牛太心急，葡萄还没熟。

师：蜗牛怎么回答的？

生：等自己爬上去葡萄就熟了。

师：歌曲里的歌词如果朗诵出来就是一个有趣的童话故事，故事中的蜗牛想吃葡萄，它知道自己爬得太慢，【特点】所以在葡萄刚发芽的时候就开始往上爬了。真是一只聪明的蜗牛，懂得笨鸟先飞的道理。

二、播撒一粒种子，识微童话

1. 总结童话特点。

师：喜欢童话吗？（学生齐回答“喜欢”。）喜欢哪个童话？

生：《灰姑娘》《小红帽》《卖火柴的小女孩》《丑小鸭》等。

师：为什么喜欢童话？

生：好玩。

师：怎么个好玩法？

生：童话里面的动物、植物会说话，有些人有超强的能力。

生：童话故事想象丰富，故事有趣，人物奇特。

生：童话往往会告诉我们一个道理。

（师随机板书：想象丰富，故事有趣，道理深刻。）

2. 对比中识微童话。

师：既然大家喜欢童话，我们就来读一则。大家自己在下面先读读。

（出示作家王勇英的微童话《蚂蚁和一粒谷子》。）

小蚂蚁在田边捡到一粒谷子。它大声问：“这是谁掉的谷子？”没有人回答。小蚂蚁就守着这粒谷子，一天又一天过去了，直到谷子发芽，长成禾苗，扬了禾花，又结了一串沉沉的谷穗。后来，小蚂蚁有了一小片禾田。小蚂蚁还在原来捡到谷子的地方守着，等着丢失那粒谷子的人回来，还给他这一片禾田。

（生自读。）

（指名读。）

师：你觉得这是童话吗？

生：是。

师：你们从哪里看出是童话？

生：小蚂蚁有自己的想法。

生：小蚂蚁像人一样。【像人一样，很重要的，把自己附身在角色身上去思考，故事就写得好。】

生：小蚂蚁身上有一种坚持的品质，值得我们学习，这是告诉我们的一个道理。

师：同学们真会观察，这确实是一篇童话。（幻灯片出示童话特点，再次强化。）那这篇童话和我们平时阅读的有什么不同呢？

生：特别短，没几句就完了。

师：是呀，像这样短短的童话，一般字数在200字左右，我们可以叫它——微童话。(板书:微童话。)

三、浇灌一片希望,构思微童话

1. 出示图片(参见本书第44页),看图说特点。

师:今天我们就要来学写微童话。微童话的素材就来自于这幅图。请同学们仔细观察,在图中你看到了什么?

生:一只蜗牛。

师:蜗牛有什么特点?

生:背着重重的壳。【不说房子,说壳,高段学生的理性。】

生:爬行非常缓慢。

生:喜欢吃农作物的叶、茎、芽、花、多汁的果实。

生:喜潮湿怕水淹。

2. 追问现象,想象情节。

师:怎么只有一只蜗牛?发生了什么?

生:这只蜗牛和家人走散了。

师:开始想象了。

生:其他蜗牛被人类杀死了。

师:你看到了人类对小生物的不友好。

生:这只蜗牛是个孤儿。

师:这是一只可怜的蜗牛。

生:这只蜗牛正在和小伙伴们玩捉迷藏。

师:哦,不管发生什么,它此刻在想些什么?

生:自己的家人去了哪里。

生:它迷路了,不知道此刻自己在哪儿,该怎么办。

生:别人老嘲笑它跑得慢,它很难过。

师:那它接着会做什么?

生:它想快些找到食物,回家给爸爸妈妈吃。

生:它想和蚂蚁比赛,看谁跑得快。

生:看着天快黑了,它想再多玩会儿。

师:刚才有同学给这只蜗牛找了个伙伴——小蚂蚁,我们是否也可以给它安排一个配角?就像前面歌里唱的黄鹂鸟。

3. 观赏图片,激发想象。

生:给它找只母蜗牛。(生笑。)

师:两只蜗牛谈恋爱,于是,童话故事就这样发生了。

师:你还会给蜗牛安排什么样的配角?它们之间又会发生什么故事?

生:西瓜虫,它们在争抢食物。

师:西瓜虫和蜗牛的战争。同学们,你们还想到了什么?如果刚才同学们的想象还没触发你的灵感,那下面几幅图能否给你一些好的想法?

(师出示图片,生惊叹,议论纷纷。)

4. 索引素材,拓宽思路。

师:刚才同学们很会思考,可还有小朋友皱起眉头,故事好像都被大家说完了,我该写什么呢?别慌,老师还有一招,我们读过那么多的童话故事,你觉得哪些情节特别有意思,我们也可以学着用一用。比如,我们学过的课文《三袋麦子》《小露珠》,读过的童话《龟兔赛跑》,等等。或者把课文中比较感兴趣的情节嫁接到蜗牛身上,还可以把你生活中印象深刻的事搬过来用一用,比如蜗牛是语文课代表,有几只蜗牛的作业老是收不齐,它很苦恼……总之,要把读过的故事、生活中的故事用起来!

四、静待一朵花开,创编微童话

(学生在音乐声中创作,教师巡视指导。)

教学反思

阅读批改学生的习作,一直是令我困扰的事情,想来,学生写作也不轻松。怎样让学生有话可写,又写得快乐,而我看着也快乐,是我一直在思考和努力的方向。

2014 年 9 月,一次在浴室洗浴时肥皂掉进下水道,我和丫头合力把它捡起的经历让我童心大发,回来就写了篇童话《快乐的肥皂》。丫头笑话我,我也笑言:“妈妈给你讲了那么多童话故事,你自己又看了那么多童话故事。你是读着童话故事长大的,以后你的小孩我要给她讲我编的童话故事,让她读着自己外婆编的童话故事长大!”虽是笑话,却给了我写作教学的思路。我给我的学生读了《快乐的肥皂》这则童话,孩子们很感兴趣,纷纷猜测作者是谁。我说作者是我,孩子们的眼睛一下子亮了,看我的眼神又多了崇拜。【下水文很有价值,老师会写,会教得更好。】于是我给他们讲了我的宏大愿望:让我的孙辈读着我写的童话长大。然后又问他们愿不愿意帮助我一起完成:毕业时,他们将好的作品结集留给一年级孩子阅读,作为学弟学妹们行为习惯养成的读本;我和他们同题创作,将来结集留给我的孙辈。孩子的积极性一下子被激发出来,我们一起创作了第一篇童话《委屈的红领巾》。至今仍记得孩子们无障碍地写作，仍记得我批阅这篇习作时的享受。我甚至想好了系列篇目《橡皮在哭泣》《课桌的苦恼》……可是，这么有意义的一件事我却没能带着孩子们坚持去做。对此，内心常有隐隐的遗憾。

这学期开始带着他们写随笔，带着他们在情境中练笔，希望在习作方面能有所突破。应该说我是幸运的，杭州之行，天长小学的童话教学盛宴让我的童心找到了家园，陆生作老师的讲座重新点燃了我的希望之火，尤其是这样一个微童话创作的团队，让我倍添信心。

初次尝试，孩子们就表现出从未有过的热情，大部分同学当堂课完成了习作，回家后誊写，第二天交给我，破天荒没有拖拉。不仅如此，批改习作时带给我的惊喜和感动让我忍不住和办公室的搭班老师分享，笑容也爬上了对这班学生有些失望的老班主任脸上。希望在前方，我们在路上！

学生习作

蜗牛与野果子

文/刘兰

天， 只小蜗牛迷路了，它害怕极了，大声喊着："我好害怕，妈妈，你在哪儿?"突然下雨了，它便躲在一个蘑菇下面，不知不觉睡着了。

天亮了，小蜗牛被一个响声吓醒了，原来是它的肚子在叫。它往四周一看，惊奇地发现有几颗果子。它爬到蘑菇上，却看见一颗小果子受伤了，它不忍心吃了，开始精心地照顾果子。一天过去了，两天过去了，小果子好了，小蜗牛却饿得不行了。这时，小果子把蜗牛带到了自家果园。没想到，小蜗牛竟然在那儿找到了自己的爸爸妈妈，它流下了兴奋的泪水，抱着小果子说："谢谢！谢谢！"

这个故事告诉我们：有爱心的人，会有惊人的收获。

蜗牛和鳄鱼

文/赵康凯

一天中午，一只幼小的蜗牛和自己的爸妈走散了。

这只小蜗牛非常顽皮，喜欢到处跑。这时，一只鳄鱼出来找吃的，恰好遇见了这只小蜗牛。鳄鱼心想："今天中午有吃的了。"可是小蜗牛看到鳄鱼并不害怕，它天真地看着向自己走来的鳄鱼，觉得好好玩，它冲着鳄鱼笑了笑，又用手轻轻地抚摸着鳄鱼的大嘴巴。顿时，一股暖流涌上鳄鱼心头，它被彻底打动了。

面对凶残的敌人，只有用心才能打动对方。

蜗牛与青蛙

文/孙绍凯

有一天，一只蜗牛和一只青蛙一不小心都掉进了一口井里。

蜗牛下定决心爬出去。可是井壁上的青苔很滑，蜗牛爬三步退两步，但它毫不灰心，坚持不懈地向上爬去。

青蛙看见蜗牛这么卖力地爬着，就劝蜗牛说："老兄啊，像你这样进三步退两步，啥时候才能爬出去啊？就别费劲了，快下来吧。"可蜗牛并不听从青蛙的劝告，还是使劲地向上爬去。

等到第二天的早晨，青蛙抬头望去，蜗牛已登上了井台，此时此刻蜗牛心中充满了喜悦与自豪。而青蛙仍旧坐在井底，绝望地看着那一方湛蓝的狭小天空。

蜗牛和蘑菇

文/李阳烈

一天，蜗牛奇奇在林中散步。突然，奇奇发现了一株奇怪的植物，这种植物上有许多酸甜可口的果子和一些晶莹透亮的露水。当时奇奇就禁不住流下了口水。它心想："这么美味的食物，我可要细细品尝一下。"奇奇爬呀爬，爬呀爬，终于来到了那株植物面前。可是那株植物太高了，它怎么也够不着。就在奇奇一筹莫展的时候，蘑菇亮亮对它说："你好！我叫亮亮，我可以帮助你。"奇奇激动地说："真的吗？太感谢你了！我求之不得呢！"于是奇奇就爬到了亮亮的头上，品尝到了那美味的果子和露水。就这样，它们成为了无话不说的好朋友。

心愿

文/樊高阳

"出发！"咦，这是谁在喊？

原来是小蜗牛闪电。它的爸爸是蜗牛界数一数二的旅行家呢！但爸爸却没有去过山顶。爸爸临终前对闪电说："我快不行了，希望你能代替我爬到山顶去。"闪电常暗暗地对自己说："爸爸，我一定完成你的嘱托！"

这天，小蜗牛闪电出发了！它不停地往山上爬。从山下到山上，闪电几乎用了它毕生的精力。

终于，到山顶了！仰望蓝天白云，俯瞰一马平川，闪电明白了爸爸的心愿。

教师下水文

蜗牛贝贝

蜗牛贝贝的家旁边有一株野草莓。贝贝守护着野草莓，满心期待。它和蘑菇菌菌商量好了，自己给菌菌施肥，帮助菌菌努力生长，到时草莓熟了，就攀爬到菌菌的身上吸食草莓。终于，野草莓结果了，那红红的果实晶莹剔透，诱人极了。贝贝想象着草莓甜蜜的味道，滋润的口感，舔着嘴唇爬了整整一夜。太阳初升的那一刻，贝贝趴在了菌菌的头顶，它幸福地望向朝思暮想的野草莓。但那一刻，它毅然放弃了，因为它看到了野草莓晶莹的泪滴。

和白云做伴

蜗牛森森和林林偶然抬头看到蓝天上的白云，洁白的身体，轻盈的体态，飘逸的身姿，深深地被打动了。它们决定要和白云做朋友，永远相依相伴。它们上路了，一路攀爬，累了，轮流趴在彼此背上休息。路越走越明亮，离白云也越来越近。白云也感觉到两个伙伴对自己的深情，一路走走停停，这让森森和林林幸福感满溢。它们就这样一路相伴不停地往前走，往前走……

如何寻找有趣好玩有意义的故事

授课：慕海笑（浙江省乐清市翁垟第一小学）

三年级微童话课

课堂实录

一、我们的开始

师：同学们，上一次我们一起学习和欣赏了“蜈蚣和飞蛾”的微童话。大家的思路很广，想象也很丰富，出彩的文章也很多。这次，我们再来看图写一篇微童话故事。（展示蜗牛图片。）

生：图片中除了一只蜗牛，什么都没有，难了。

生：就一只蜗牛，还真没法讲故事。

师：是的，与上次相比，图片告诉我们的信息很少。但，是不是给我们想象的空间更大了？

生：是更大了，一下子一片空白，无边无际。（生笑。）

师：空白就对了，我们填上色彩，才可以创作更多精彩、有趣的故事。

二、我们的交流

师：只要方法在手，就不怕题目千变万化。首先，我们还是和上次一样，找蜗牛的特点，以及这些特点有什么用处。【与上一次课连起来了。】

生：这个我们比较熟悉，上学期我们科学课观察过蜗牛。

师：是的，同学们都了解蜗牛，谁来说说看，蜗牛都有哪些特点呢？

生1：蜗牛有两对触角，可以伸长，长的触角上有眼睛，可以向四面八方观察。

生2：它总是背着壳在爬，到哪里都有自己的家。【“家”，已经是个童话。】

生3：它爬过的地方，会留下透明的黏液。

生4：它爬得很慢。

生5：蜗牛软绵绵的、滑溜溜的。

生 6：蜗牛有很多很多牙齿，将近两万颗，可以把食物咬得很细。

生 7：当蜗牛吃了绿色的东西，身体也会慢慢变成绿色。这是保护色，和周边的环境颜色一样，可保护自己不被天敌杀害。

师：你们可真了解蜗牛啊！除了知道它们的特点，还知道都有什么作用。小小蜗牛真神奇呀！今天，就让它走进我们的童话，好吗？

生：好！

生：蜗牛壳外面一圈圈的，我可以想象它是一个天线，接收外面的信息，讲讲它每天都能听到什么，可以和外星生物直接对话。

师：你会怎么样安排蜗牛接收外星生物的信息，接收信息后，又如何让故事继续发展？

生：有一天蜗牛在散步，突然收到一种奇怪的信号。通过自带的天线计算，得出地球即将毁灭的信息，并和外星生物取得联系，了解如何带领家族避难。

师：你观察得很仔细，想象也丰富。这是一个童话故事，也是一个科幻故事。显然，你童话中的蜗牛是一个非常了不起的英雄。

师：这位同学带给我们一个非常好的故事，其实，也给我们一个非常实用的讲故事方法，那就是情节不够，人物来凑。

（给学生看绘本《是谁嗯嗯在我的头上》。）

师：这就是糖葫芦串的故事结构。同学们，你们想让谁走进你的蜗牛童话里？

生 1：树公公。

师追问：树和蜗牛之间会发生什么故事？

生 1：蜗牛爬得很慢，它看到前面有一棵大树，就想爬一爬，别人都嘲笑它。但蜗牛经过不懈努力，终于爬上树顶了。

生 2：蜗牛在散步看风景，看惯了路面的风景，想看高高大树上的风景。一路艰难地爬上去，经过几次努力后，终于成功了。

师：（鼓掌。）你的故事不但有趣，而且有意义，值得去写一写，我们也很期待看一看。

生 2：我想加入萤火虫。

师追问：你想让萤火虫和蜗牛之间发生什么事情？

生：我想让蜗牛向萤火虫借硬壳。

师追问：为什么借硬壳呢？

生：蜗牛原来是没有壳的，它看到朋友萤火虫的外壳又漂亮又结实，就问它借，但后来又舍不得还，占为己有了。

师追问：这是一个悲伤的故事，最后怎么样了？

生：萤火虫的壳就变得没原来坚固了。而蜗牛在夜间不敢出来活动，因为怕

见到萤火虫。【很好的构思。】

师:非常有想法的故事,通过加入萤火虫这个角色,让我们知道了蜗牛硬壳的来历。【这是一种构思方法:无中生有。】

生3:我可以仿照《是谁嗯嗯在我的头上》的故事来写,写蜗牛在路上看到一粒种子,以为谁丢了,到处问失主的故事。【活学活用,绘本写作。】

师:嗯,这样的故事结构是可以模仿的。

生:嗯,我打算问三个动物,并让它们说出自己食物种子的特点,最后再公布这是谁的种子。

师:嗯,这又是一个值得期待的故事。相信你的故事会非常有悬念,等你写出来,我们一定非常喜欢。你能想到根据动物的食物种子来写非常好,当然,写的时候一定要注意人物的动作、神态。

生4:我想让一只蜗牛遇到一只兔子。

师追问:它们是如何遇上的?

生:蜗牛迷路了,遇到了小兔子。我是根据蜗牛的黏液来写故事的,因为黏液留下了痕迹,这样就不会迷路了。【抓住特点了。】

师追问:你是想告诉我们蜗牛的黏液的来历吗?

生:是的,蜗牛原来是没有黏液的。

师:我们明白了,这是倒着问,顺着写,蜗牛的黏液和兔子有关。

生:是的,蜗牛的黏液是兔子送给蜗牛的。

师追问:兔子为什么要给蜗牛黏液呢,是不是蜗牛和兔子之间发生了一个故事?

生:是的,蜗牛救了兔子,兔子为了报恩,就把自己最珍贵的宝物送给了经常迷路的蜗牛。

师:嗯,这是一个非常感人的故事,动物之间互相帮忙。

……

师追问:还有不同的想法吗?

生5:蜗牛历险记。

师:一路上会遇到什么苦难?

生5:比如被溪水冲走了,被小鸟叼走了……

师追问:真是九九八十一难呀,最后会怎么样?

生5:经过千难万险,蜗牛终于成为超级蜗牛:跑得比兔子还快,跳得比袋鼠还远,游得比鲨鱼还快……

师:那真是超级无敌的蜗牛了,蜗牛也有飞的时候。

师:大家的想象力可真丰富,紧紧抓住蜗牛的特点,给我们构思了一个又一个有趣的、好玩的、有意思的故事，那我们就开始动笔吧！

教学反思

寻找有趣的故事。三年级科学课上，学生们经常观察蜗牛，他们非常熟悉蜗牛的特点。但知识不等于故事，如何把孩子们干巴巴、零碎的“科学知识”变成生动有趣的“童话素材”？讨论交流中，孩子们冒出把蜗牛螺旋状的外壳当成天线和外星人对话的念头，就非常有趣好玩。

寻找准确生动的语言。创编好玩有趣的童话故事，对三年级孩子来说并不是很难，他们脑海中冒出的念头自己觉得很有趣，当然，只是自我感觉有趣，语言还比较乏味。这就需要语句的组织、语言的锤炼，把孩子心中想的有趣、好玩的故事用语言准确、生动、形象、真实地呈现出来。

探索有意思的故事。一个故事能让读者有豁然开朗的顿悟，那就有点思辨的味道了，这对三年级小朋友显然有一定难度。他们明白一些道理，但若用一个故事来讲道理，显然更能让同龄人接受，赋予这个童话不一样的思辨色彩，小故事中有大智慧。

精心预设和大胆生成。一切的预设显得那么水到渠成，但课堂的生成往往有惊喜，也有惊吓，这就需要我们老师适度引导，针对每个从学生脑海里冒出来的奇思妙想，进行“添油加醋”，一起进入孩子的童话世界翱翔。一个孩子形成蜗牛与种子的构思，原来只是把种子捡过来，然后浇浇水，施施肥，故事简单。后来，我们一起探讨，这颗种子是从哪里来的，那一切就变得更有意思了。一路思考不同植物的种子的颜色和形状，丰富了知识，拓展了视野，在童话故事中越走越有趣，越走越有意义。

学生习作

蜗牛的壳

文/孔彦喆

在一个美丽的森林里，住着一只没有壳的蜗牛和身披金光闪闪铠甲的萤火虫。它们经常一起出来玩，蜗牛给萤火虫探路，萤火虫为蜗牛照明。

有一天晚上，蜗牛去萤火虫家玩。萤火虫家真热闹，有一个凶巴巴的爸爸，有一个温和的妈妈，还有一个爱耍酷的哥哥，它们每个人身上都有一个又美丽又坚硬的壳。

“这壳能借给我吗？”蜗牛非常羡慕，凑到小萤火虫耳边，轻轻地说。

“当然可以。”萤火虫点点头，“过几天还给我就行了，那个时候我们家里要开联欢会。”

“一言为定！”蜗牛听了一蹦三尺高，开开心心地带着硬壳回家了。

可是，过了七七四十九天，蜗牛也没把壳还回去。

又过了七七四十九天，萤火虫实在忍不住了，就跑到蜗牛家。原来，蜗牛把壳背在身上太久，已经和身子黏在一起，拿不下来了。萤火虫非常生气，就拿着剪刀要把硬壳从蜗牛身上割下来。蜗牛吓得连滚带爬地跑，躲在洞穴里不敢出来。

从此，蜗牛晚上的时候再也不敢出来了。

种子与蜗牛

文/陈雅婷

从前，有一只美丽的蜗牛。

有一天，蜗牛出去散步，走着走着，突然看见路上有一粒白色、毛茸茸、伞状的种子。

“谁的种子丢了？”它大声地呼叫，可没人回应。

蜗牛只好一直站在那里等，等待种子的主人来认领。

有一只雪白的小兔子蹦蹦跳跳地过来了。“这是你的种子吗？”蜗牛问。

小兔子仔细地观察了一下：“不是，不是，不是我的。我家的萝卜种子是扁扁的，黄黄的。”

不一会儿，又来了一匹高大的马。“马哥哥，这是你家的种子吗？”

“不是，不是，”马停下来仔细地研究了一下，“我家的草种子是圆圆的，褐色的。”

不久，走来一头粗壮高大的牛。“牛叔叔，这是你家的种子吗？”蜗牛拦住牛问道。

“不是，不是，”牛眼睛睁得大大的，“我家的种子是白色的，椭圆形的。”

过了一天又一天，还是没有人来认领这颗种子。“到底是谁的呢？”蜗牛百思不得其解，继续等啊等。

春风吹过了，春雨来过了，又迎来一个阳光灿烂的日子。蜗牛惊奇地发现，种子居然发芽了，吐出嫩绿的新芽，越长越大，越长越高，嫩绿的叶子在风中飞扬，慢慢地枝头长出一个“白毛球”。

春风一吹，散开的白毛球就随风翩翩起舞，化作一把把伞飘向远方。

哦，蜗牛终于知道这是谁的种子了，是蒲公英的。

蜗牛的黏液

文/张子皓

从前，有一只蜗牛非常贪玩，却又经常迷路。

有一天清晨，阳光明媚，蜗牛打了一个哈欠，伸了伸懒腰，就偷偷地跑出家门，快快乐乐地到处游玩。它走过一条小溪，翻过几座小土包，来到一片深山老林，越走越深，天越来越暗，风越吹越大，呼呼地吹着，枝叶晃动，发出沙沙的声音。蜗牛渐渐害怕起来。

突然，远处传来一阵“呜呜”的奇怪声音。蜗牛害怕极了，环顾四周，发现前面的草丛在晃动，于是，它屏住呼吸，慢慢地向前挪动，用触角轻轻地扒开草丛。原来是一只兔子中了猎人的陷阱，被兽夹夹住了，腿上鲜血淋淋。

“救救我。”兔子看到蜗牛，赶紧求救。

“我也迷路了。这夹子这么笨重，我怎么救你？”蜗牛很为难。

“你只要踩一下旁边那个黑色按钮，我就获救了。”兔子说。

果然，兽夹的上面有一个黑色按钮。蜗牛慢慢地爬过去，重重地踩了一下，兽夹就打开了。

“谢谢你救了我。我送给你一件宝物。”兔子一瘸一拐地走过来，一边掏出一颗粉红色的果子。

蜗牛接过果子，轻轻地咬了一口，只觉得满口清香滑溜。不一会儿，身后多了一条短短尾巴，直冒着黏黏的液体。

“你走到哪里，哪里就会留下记号，那你就永远不会迷路了。”兔子说。

“真好！”蜗牛高兴地说，“我再也不担心迷路了。”

这就是微童话的魅力所在

授课：魏露（浙江省杭州市余杭区安吉路良渚实验学校）

四年级微童话课

课堂实录

一、回忆导入、总结方法

师：我们上一次写微童话，还记得是关于什么的吗？

生：蜈蚣、飞蛾，还有一片落叶的故事。

师：是的，今天我们要一起尝试第二次微童话的创作。在创作之前，魏老师先请大家一起来欣赏一篇微童话，高永志老师的《逃路》。请一位同学来大声朗读一下。你来！

生：石头太懒了，一动也不动。春天，杏花如云，桃花如霞。眼睛说："过去看看吧！"它摇摇头。夏天，蝈蝈弹琴，鸟儿唱歌。耳朵说："过去听听吧！"它摇摇头。秋天，好风如酒，瓜果飘香。鼻子说："出去走走吧！"它摇摇头。眼睛、耳朵、鼻子，大家一商量，跑了。最后，石头只剩下一只光脑袋了。

师：读得真棒，请坐。这个小故事啊是一篇典型的微童话。接下来每个同学再自己读一读，说一说这篇微童话有什么特点？

（生自由读。）

师：大家觉得在这篇微童话里，谁是主人公？

生：我觉得石头是主人公。

师：好，如果石头是主人公，剩下的三个是什么呢？

生：配角。

师：文中有几个配角？

生：三个，分别是眼睛、鼻子、耳朵。

师：眼睛很亮，文中有三个配角。（板书：三个配角。）文中还有哪里出现跟

“三”有关的呢?

生:有三个场景,春天、夏天、秋天。

师:喔,很好,也就是三个季节。(板书:三个季节。)

生:三个季节的特点都不同。

师:很好,还有吗?

生:三个“摇摇头”。

生:三次对话。(板书:三次对话。)

师:我们找出了三个配角、三个季节、三次对话,那么其实啊,这个“三”字,在民间故事里,有个“三”的套路。(板书:“三”。)你们还能记得读过的故事里面,有跟“三”有关的吗?

生:一波三折。

师:非常好,现学现用,我们上一次学习的《鳄鱼爱上长颈鹿》中的故事情节属于一波三折。他记住了。还有吗?回忆一下你读的名著里面。

生1:《三国演义》里的“三顾茅庐”。

生2:《三国演义》里的“三兄弟结拜”。

生3:《三国演义》里,周瑜被诸葛亮“三气”气死了。

生4:《西游记》里的“三打白骨精”。

生5:唐僧有三个徒弟。

二、介绍主角,创编故事

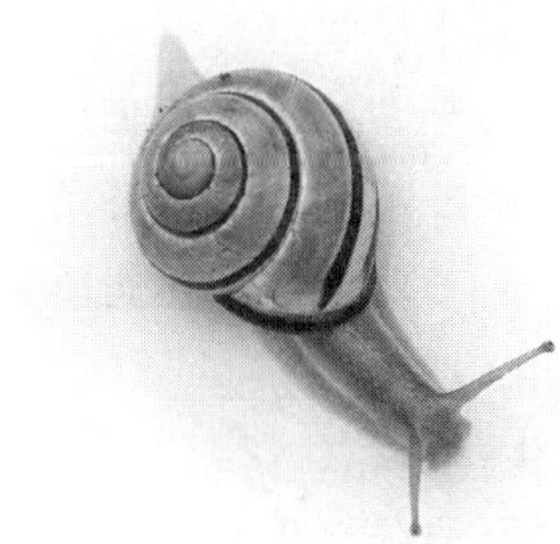

师:同学们说的都很好,可见平时的阅读量也是很丰富的。这个“三”啊,有着比较特殊的意味,在我们的故事当中,会有三个角色啊,三种故事情节啊,或者三个季节、三次对话。这是我们写故事的方法之一。今天,魏老师要给大家介绍一位新朋友,我们一起来看看是谁?

(出示图片。)

生:(齐答)蜗牛。

师:蜗牛大家熟悉吧,我记得我们上学期的科学课上观察过蜗牛。谁来说说,你了解到的蜗牛的特点,或者你观察这幅图,你看到了什么?

生1:蜗牛爬得很慢。

师:蜗牛爬得慢,那它为什么爬得慢呢?

生2:因为它身上有一个相对于它身体比较重的壳。

师:有一个词用得很好——相对于。大家想想,就这个壳,如果放在我们身上会怎么样？

生：很轻的。

师：可是它对于蜗牛来说，怎么样？

生：很重。

师：很重，所以"相对于"这个词用得非常棒！

生1：蜗牛爬过的地方都会留下痕迹。

生2：蜗牛的身体可以缩进壳里。

师：所以这个壳作为它的？

生：房子。

师：房子，这个词也很棒，你把蜗牛当成人了。

生：蜗牛有两对触角。

师：你猜猜这个触角有什么作用呢？

生：也许是它的眼睛吧。

师：还可能有什么作用呢？

生1：有可能跟蚂蚁一样，向自己的好朋友发出信息。

生2：可以交配。（哄堂大笑。）

生3：蜗牛不是很多很多（聚集）在一起的，都是一个或者两个的出现的。

师：你看，他又抓住了蜗牛的一个特点，蜗牛不像蚂蚁都是一大群一大群在一起的，蜗牛通常都是一只或者两只出现。今天，魏老师打算请蜗牛当我们微童话的主角，那么接下来你们的任务是什么呢？帮它找配角。

生：可不可以配角还是蜗牛啊？

师：可以。如果你想给蜗牛找一个小伙伴，它们之间可能会发生有趣的故事。你想找谁？

生：蚂蚁。

师：为什么找蚂蚁？

生：因为蜗牛和蚂蚁差不多大。

师：你从它们的体型考虑，很好。那它们之间可能发生什么故事？

生：还没有想好。

师：那你坐下来再好好想想。谁已经想好了？

生：能不能找它的死敌啊？

师：它的死敌是谁？

生：螳螂。

师：它跟螳螂之间可能会发生什么？

生：对战。

师:你觉得它会用什么来跟螳螂对战?

生:它缩进壳里。

师:它缩进壳里,螳螂怎么去打它呢?

生:无从下手,因为它缩进壳里,壳太硬了。

师:有意思,还有吗?

生:老师,我也是螳螂和蜗牛的故事。蜗牛太寂寞了,没有一个朋友,它就去找朋友。螳螂遇见了蜗牛,就对它说,我可以跟你交朋友。后来,它们相处了两天之后,螳螂突然变卦,趁蜗牛没有注意的时候,直接把它给吃掉了。

师:喔,这是一个悲伤的故事。你能给它换个结尾,让我们开心一点吗?谁能来?

生:我想找兔子。

师:为什么?

生:因为以前有一个寓言中,兔子和乌龟赛跑,蜗牛和乌龟爬的速度差不多,都很慢。我想的故事,跟这个差不多。蜗牛独来独往,没有朋友,它很孤单,然后想找兔子做朋友,可是兔子有之前被乌龟赢过的经历,它觉得蜗牛也有可能赢它,所以不愿意跟它做朋友。【巧。】

师:然后呢?

生:然后蜗牛就想尽办法和兔子做朋友。

师:想了什么办法?

生:兔子不是最喜欢吃胡萝卜吗,蜗牛在情人节的那天送了兔子一筐胡萝卜。

师:这个办法好,结果呢?

生:结果兔子终于愿意跟它做朋友了。

师:这个故事我喜欢,有爱。还有吗?

生:我选的是小兔子和小狗。

师:为什么选它们两个?

生:因为它们两个跑步都很快,然后我想的是,以前蜗牛不是跑得这么慢的,它身上也没有壳。

师:我特别喜欢这个说法,她用了一个词,叫作"以前"。这位同学很了不起,她了不起在什么地方?她用了一个我还没有讲过的创作微童话的方法,这个方法叫作"倒推法"。(板书:倒推法。)也许以前蜗牛是没有壳的,后来才有了壳,那么它从没壳到有壳肯定是发生了什么事情。我们继续听她说。

生:然后它们比赛,蜗牛跑得最快,赢得了冠军,最后森林就给它颁了一个奖杯,蜗牛特别喜欢这个奖杯,天天背在身上,久而久之就和身体连在了一起。

生:老师,我们都看过这个故事,她是按书上说的。

师:那也证明这位同学书看得多,不也挺好的?此处应该有掌声。(鼓掌。)

生:老师,我有个问题。

师:你说。

生:我发现前面那篇文章也是用倒推法。石头以前是有眼睛、鼻子和耳朵的,后来发生了一些事情,就没有了。【厉害。】

师:善于发现的小朋友,真棒!还有什么故事?还有谁没有说过的?

生:我和她差不多。

师:我不喜欢差不多的故事,谁有不一样的,有自己独特想法的?

生:老师,我有点编成《三国演义》了。

师:你说。

生:有一天,一只蜗牛很孤独,走在街上,刚好碰到另外两只蜗牛,它们志同道合,然后就桃园三结义了。

师:我们能不能换一个地点,不是在桃园。你能根据蜗牛的特点想个地方结义吗?有可能在哪里?

生:树叶三结义。它们三只蜗牛是好的,然后有一只无恶不作的螳螂来了,它们就跟螳螂打,可是打不过,它们想尽了方法。

师:什么方法?这个方法最好能跟蜗牛的特点有关。

生:它们躲在壳里,然后滚来滚去,从三个方向进攻碾压螳螂。

师:最后怎么样?

生:最后螳螂被压死了,然后其他昆虫就很尊重这三只蜗牛。

师:这个想法非常棒!掌声给他。还有不一样的吗?我要听不一样的想法。

生:有一只蜗牛,它到海边去玩,喜欢上了那里的海螺。

师:然后呢?

生:它觉得海螺的壳比自己的壳漂亮很多,于是它就问海螺:"海螺,你能不能把你的壳放到我身上啊?"然后海螺说:"那你得先把自己的壳取下来啊。如果你的壳不能换到我身上,我们俩就做好朋友,你天天在我的背上吧。"然后它们就成了好朋友。

师:喔,这是因为壳而结缘的好朋友。

生:(七嘴八舌,举着手。)老师,老师,我有不一样的。

生:我是讲一只蜗牛、一只蚂蚁、一只蜻蜓,还有一只寄居蟹。我是想了一波三折的办法。

师:你说。

生:蜗牛很孤独,它想要个朋友,然后就去找朋友了。它先碰到了蚂蚁,蚂蚁邀请它去蚂蚁洞做客。可是,蜗牛的壳太大了,进不去,只好走开了。刚走没多久，就碰到了蜻蜓，蜻蜓说："我可以和你交朋友。"蜗牛说："好啊！"于是，蜗牛想去蜻蜓的家里，可是蜻蜓的家在很高的地方，它又上不去。然后它继续走，走到了海边，看到了一只寄居蟹，发现寄居蟹和自己有着一样的壳，住的地方也是在差不多大小的洞里，蜗牛就问："你愿意和我做朋友吗？"寄居蟹说："可以啊！"于是，它们两个就一起在海边住下来。

师：掌声送给他！

（还有很多学生举手。）

三、记录灵感、大胆创作

师：我发现，通过上次我们接触微童话，再加上上了一次《鳄鱼爱上长颈鹿》的绘本故事课，你们创作微童话的灵感都迸发了，一个个都是小创作家。那下面，就请把你的灵感都记录下来吧！

教学反思

俗话说，一回生二回熟。第二次上微童话写作课，比起第一次少了许多茫然，多了一些思考。微童话教学，除了通过追问，刺激学生的深入思考，激发他们的想象力之外，是否还应该有些方法上的指导？【追问，也是方法。】恰巧看了陆生作老师的一篇文章《怎么写微童话》，深入浅出，在教了三个方法的同时，还举出具体的微童话创作的例子。看完之后，忽觉醍醐灌顶。细细想来，作文有章法可说，微童话也该有套路可言。于是，这节课的切入点我就选择了其中一种创作方法——"三"的民间套路。当然，后面衍生出来的第二种方法——倒推法，纯粹是在和学生的互动中临时加进去的，课后觉得效果也是蛮好的。正巧上次上的绘本《鳄鱼爱上长颈鹿》中一波三折的故事情节和"三"的套路也不谋而合，这让孩子们更加有话可说，有感可发。但是为什么作品中常出现"三"，或者说"三"套路的好处是什么，其实我自己也没有弄得十分明白，无非是带着孩子们照葫芦画瓢，模仿别人的作品，丰富自己的内容罢了。我想，在这一点上，我确实还需要再多花点时间去思考一番。【事不过三，是因为人的忍耐是有限的。当然过三也可以的，唐僧取经经历了八十一难呢。】

整堂课的气氛非常活跃，孩子们也非常感兴趣。师生之间、学生之间相互交流，让彼此的灵感互相碰撞。在写的过程中，连平日里的写作困难生，都不再感到困难，表达完整有序，这让我欣喜万分。

我想这就是微童话的魅力所在，以后学生们也许会比我更期待上微童话课。

学生习作

蜗牛与夜莺

文/王艺晓

从前，蜗牛和夜莺是一对好朋友，夜莺天天给蜗牛唱歌。春天，它们一起赏花。夏天，它们一起玩水。秋天，它们一起摘果子。年年如此，天天不变。可是到了冬天，白雪覆盖了大地，寒冷的季节来了。夜莺要飞到南方去了，它对蜗牛说："我的蜗牛朋友，我要走了。我们约好，明年春天，在这里相见！"可是到了春天，夜莺回来了，而蜗牛已经变成了有条纹的小石子。

蜗牛　兔子　海螺

文/张旭虹

从前有一只蜗牛，它没有背上的壳，但它跑得很快。说到跑得快，它又想到了兔子，然后就去兔子家约兔子三天后在森林的跑道上，比比谁跑得快！三天后，兔子和蜗牛的比赛开始了！比赛很激烈，蜗牛把兔子远远地甩在了后面，最终赢得了比赛。但兔子非常不服气，所以就把蜗牛扔到了远远的海边。蜗牛很伤心。到了傍晚，天气慢慢变冷了，蜗牛冷得直发抖，就随手拿起了一个又大又漂亮的海螺，背在背上过了一夜。从此，蜗牛一直背着这个海螺，每时每刻，它们两个不分开，就像是好朋友一样，生活在一起。

蜗牛找朋友

文/鲍梓涵

蜗牛很孤独，它渴望着找到一个朋友。于是，它在自己的房子里装了许多粮食，然后出发去找朋友。

蜗牛爬呀爬，找到了鸟儿。它对鸟儿说："鸟儿，鸟儿，你愿意做我的朋友吗？"

鸟儿说："你没有翅膀，怎么和我在天空飞翔？"

于是，鸟儿飞走了。

蜗牛又爬呀爬，找到了鱼儿。它对鱼儿说："鱼儿，鱼儿，你愿意做我的朋友吗？"

鱼儿说:“你不会游泳,怎么和我在湖水中玩耍?”于是,鱼儿游走了。

蜗牛伤心极了,它正想回家时,一个声音叫住了它,说:“蜗牛,蜗牛,你愿意和我做朋友吗?”蜗牛回头看,原来是蚂蚁在叫它,它赶紧说:“我愿意。”从此,它们成了好朋友,过上了幸福的生活。

蜗牛壳的由来

文/郭雨菡

从前,蜗牛是没有壳的,所以它爬得很快。有一天,森林里的小兔子来宣战,想要和蜗牛赛跑,蜗牛爽快地答应了。

第二天,蜗牛和兔子准时来到赛场,其他的动物也来看热闹。随着比赛枪声响起,兔子拼尽所有力气飞快地跑,可是蜗牛凭借着自身的软体优势,轻松地超过兔子,第一个到达终点,而小兔还在后面努力地奔跑着。

比赛结束后,兔子不甘心,就想了一个诡计,去海边挑选了一个最重的贝壳,趁蜗牛在睡觉的时候给它带上,然后灰溜溜地逃走了。蜗牛醒来,想爬出去玩耍,发现自己爬得很慢很慢,才注意到自己身上多了一个大壳。它竭尽全力地想把壳拿下来,可能是自己的黏性太强,怎么都拿不下来,于是只好待在壳里了。

效果有了比较明显的改进

授课:程明一(浙江省杭州市天然学园)

五、六年级微童话课

课堂实录

一、微童话的特点

师:上课前,老师给大家带来一个故事,是作家王勇英的《蚂蚁和一粒谷子》。

小蚂蚁在田边捡到一粒谷子。它大声问:"这是谁掉的谷子?"没有人回答。小蚂蚁就守着这粒谷子,一天又一天过去了,直到谷子发芽,长成禾苗,扬了禾花,又结了一串沉沉的谷穗。后来,小蚂蚁有了一小片禾田。小蚂蚁还在原来捡到谷子的地方守着,等着丢失那粒谷子的人回来,还给他这一片禾田。

师:这是一个什么样的故事呢?

生:一个关于小蚂蚁的故事。

生:是一粒谷子的故事。

生:是一个童话故事。(教室里发出一阵善意的笑声。)

师:读了这个故事,你们有什么样的感觉或者感受呢?

生:感动。

生:可爱。

生:温暖。

师:这个答案太好了,是的,温暖,这只蚂蚁给世界带来了一股暖流。这也是很多童话故事给我们带来的感受,虽然不是最多的一种,但一定是非常多的一种。再来看看,这则童话有什么样的特点呢?

生:很短,看起来不像童话,像一个小笑话。

师:嗯,是的,很短,这样短的童话有一个专门的名字叫"微童话"。一般一则童话只有200字左右，我们在写的时候尽量控制在200字以内。这样一来，对我们的语言就有了更高的要求，请看看它的语言有什么特点呢？

生：语言很简单。

生：语言简洁。

师：嗯，这个简洁用得很好，对，简洁却不简单，从哪儿看出来不简单呢？

生：除了有对事情的叙述之外还有描写。

师：有哪些描写呢？

生：有语言描写，有动作描写。（边说边根据文章内容找出相应的部分。）

生：有对谷子不同阶段的状态的描写。

师：我们说这件事情经历的时间怎么样呢？

生：经历了很长很长时间，因为从一粒谷子到一片禾田可能要经过很多年。

师：同学们的回答都非常精彩，分析也很准确。是的，麻雀虽小，五脏俱全，微童话的语言简洁，却蕴含了非常丰富的内容。今天我们也来写一写微童话。

二、看图，抓物性

师：首先，请出我们今天故事的主人公，它会是谁呢？（出示蜗牛图片。）

生：蜗牛！（异口同声，很多同学都曾养过蜗牛。）

师：看来，它也是大家的老朋友了，大家应该对它有很深的了解了，那么，它有什么特点呢？

生：它有个壳，是它的豪华大 house。（学生齐笑，看来这位同学的幽默得到了大家的肯定。）

生：它有两对触角，上面的一对长，而且眼睛长在了长触角上面，另一对在下面，比较短。

生：它爬得很慢，而且爬过的地方会留下很多黏液。

生：它的身体很软，可以伸缩，遇到危险会把身子缩在壳里。

生：它喜欢生活在潮湿的地方，不能晒太阳。

生：它喜欢吃各种菜叶。

生：有的蜗牛会变色。

生：蜗牛有很多细小的牙齿。

三、找伙伴，构思故事

师：同学们的观察能力非常强啊，而且知识很丰富。有些知识，像蜗牛会变色，连老师都不知道呢。至于这些特点有什么作用，应该也难不倒大家吧！那么，今天我们就以蜗牛为主人公来编一个故事。俗话说，一个巴掌拍不响，单木不成林,一个故事中不可能只有一个主人公,还需要有个配角或者其他的事物才能碰撞出火花,形成一个个精彩的故事。那么,你想讲一只蜗牛和谁的故事呢?

生:我想讲的是蜗牛和萤火虫的故事。

师:蜗牛和萤火虫之间会有一个什么样的故事呢?(学生迟疑了,所以稍作了点提示。)

师:可以从它们各自的特点或者关系入手哦。

生:它们是一对好朋友。

师:是天生的好朋友吗?还是在什么情况下成为好朋友的呢?

生:蜗牛很孤独,所以找到了萤火虫想和它交朋友。

生:蜗牛遇到了困难,萤火虫帮助了它,它们成了好朋友。

师:蜗牛遇到了什么困难呢?

生:蜗牛因为贪玩,迷路了。

师:迷路?在太阳底下迷路的吗?

生:不对,是在晚上迷路的,萤火虫用它的灯照亮,让它找到了家。

师:嗯,对!编故事的时候一定要考虑到“物”的特性才好,而且这种特性不是随便哪个“物”都拥有的,相信你的故事会很精彩。其他同学的故事是蜗牛和谁呢?【高段学生应该注意“人性+物性”。这一点很重要,能让故事独一无二,角色不可替代。】

生:我要讲的是两只蜗牛的故事。

师:两只蜗牛,它们是什么关系呢?是朋友,是兄弟,还是父子或母子?

生:它们是父子关系。

师:它们在干什么呢?你想表达什么样的主题、情感呢?思考好这些问题后也应该可以写出不错的故事。蜗牛还有其他的伙伴吗?【这是高段学生要花力气的第二个问题,让故事思考起来。】

生:我想讲的故事是蜗牛和兔子。

师:嗯,它们的什么故事呢?

生:蜗牛羡慕别人的走路速度,就去求兔子帮助它。

师:兔子是怎么帮助它的呢?一次就成功了吗?【波折。】

生:兔子让蜗牛学自己吃胡萝卜,却并没有让蜗牛的走路速度快起来。【可爱之处。】

师:那蜗牛又用什么样的方法让自己走路快起来呢?你这里就用到了一波三折的方法来编故事了,很不错。还有没有其他的故事了呢?

生:我要讲蜗牛和鼻涕虫的故事。

师:这也是个不错的角度,它们有很多共同的特点,也有不同的特点,可以从它们各自的特点入手，编写故事。

生：我想讲蜗牛旅行的故事。

师：和谁旅行，或者旅行时遇到了谁呢？想清楚这些问题后，还可以在立意方面略作考虑哦。除了我们刚才讨论的这些故事外，同学们还可以编写其他的不同的故事哦。现在拿起笔把自己的故事写下来吧！

四、写作讲评

（略。）

教学反思

1. 物性。通过第一次课和这段时间学习了微童话相关的一些文章，我意识到童话形象本身特点的重要性，所以在整个引导与讲评的过程中，有意识地引导孩子们抓住“物”的特性编写故事。尤其是在讲评的时候，让学生思考自己故事中，如果主人公和配角改变成其他物种对故事有没有影响，如果没有影响，就说明没有抓准特征，需要有针对性地进行修改。从学生写作的情况来看，大部分同学在编写故事的时候都能注意这方面的要求，并努力从不同的特点着手，但也存在少部分基础稍弱的孩子在这方面控制得还不太好，还需要多加练习。

2. 追问。吸取第一次课的教训，参考其他老师的课堂实录，学习针对不同问题如何随机应变，有效地进行追问。从课堂与作文反馈的情况来看，效果有了比较明显的提升，这让我对后面的讲课有了很大的信心，在后面的讲课中一定要多归纳不同的追问套路，在课堂上能更准确地引导孩子的思路。【确实进步了！】

3. 主题立意。这段时间，我学习了其他老师一些教学、写作的文章，其中谈到小学作文的主题与立意问题，可以有较多的自由，但一定要有正确的人生观、价值观。我个人则认为小学高年级的作文，确立一个明确的立意还是很有必要的，所以，在引导的过程中，稍稍强调了对真善美的表现。从作文的情况来看，产生了不错的效果，但也存在着很多诸如立意雷同等问题，不知是喜是忧。【几家欢乐几家愁，训练嘛，不要紧的。但要让学生注意到这个问题，课堂上发散思维，借助老师、同学的思路，打开自己的思路。】

4. 语言表达。在课前赏析和讲评作文时特意对此作出强调，要求有叙述、有描写，精练自己的语言表达，让文字更简洁、画面感更强。这方面确实取得了一些效果，学生的语言相比之前凝练了很多，但还需要长期坚持这方面的要求与练习。

学生习作

想要成为牛的蜗牛

文/吴羽菲

小蜗牛因为太贪吃而上了“贼船”,被运菜车带回了农场。

它看到农场的黄牛在耕田,羡慕极了,心想:“同样都是‘牛’,我应该也可以耕田的。”它趁着黄牛休息的时候爬上了犁,但是用尽了各种办法,那犁仍纹丝不动,它灰心地走了。

夜晚,小蜗牛梦见了自己长出了像黄牛一样强壮的脚。

蜗牛和萤火虫

文/张先维

漆黑的夜晚,蜗牛在草丛中哭泣。原来天太黑,蜗牛找不着家了。

萤火虫飞了过来,问它:“你怎么了?”

“天太黑,找不到回家的路了。”蜗牛更伤心了。

“我来帮你吧!”萤火虫站在了蜗牛的壳上,像一座灯塔,照亮了蜗牛回家的路。

蜗牛和绿叶

文/张先维

蜗牛爬到一片宽大的绿叶上,向着东方久久凝望着。

“你怎么了?”叶子问它。

“听说大海很美,真想去看看!”

叶子想了想,也陷入了沉思,说:“我们一起去吧!”说完,就使劲地摇动着身子,它们从枝头飘落到地上。

蜗牛背起了叶子,历经千辛万苦,它们来到了一条小河边,叶子说:“你到我身上来吧,换我来背你。”

河面上,一片绿叶载着一只蜗牛,向着大海一路漂去。

我真的是蜗牛

文/楼凌菲

蜗牛为了参加动物伪装大赛,特意拜变色龙为老师,苦练本领。

比赛那天,蜗牛藏在了一堆乱石中,并把身子也缩进了壳里,让人根本分辨不出哪是石头哪是蜗牛壳。别的选手都先后被发现了,只有小蜗牛没被人找到。蜗牛最终赢得了比赛。

当它想出来领奖时,发现壳卡在了石缝中,怎么也出不来,它只好扔下自己的壳,过去领奖,可没有人认为它是蜗牛,还对它说:“一只鼻涕虫也想来领奖!”“我真的是蜗牛啊!”它伤心地哭了。

板书构建学生创作框架

授课:钟宁琪(浙江省杭州市育才京杭小学)

二年级微童话课

课堂实录

师:小朋友们,上课前我们先来读一篇微童话,是作家王勇英的《蚂蚁和一粒谷子》。

> 小蚂蚁在田边捡到一粒谷子。它大声问:“这是谁掉的谷子?”没有人回答。小蚂蚁就守着这粒谷子,一天又一天过去了,直到谷子发芽,长成禾苗,扬了禾花,又结了一串沉沉的谷穗。后来,小蚂蚁有了一小片禾田。小蚂蚁还在原来捡到谷子的地方守着,等着丢失那粒谷子的人回来,还给他这一片禾田。

师:这篇微童话的主人公是谁?

生:小蚂蚁和谷子。

师:也就是说,这篇微童话里有两个角色:蚂蚁和谷子。生活中常见的蚂蚁也可以成为微童话的主角,再给它找一个伙伴“谷子”,一篇微童话就产生了。听说小蚂蚁都能写进微童话,它的好朋友小蜗牛可忍不住了,也想被写进微童话里,小朋友们帮帮它好吗?【童话啊,一切物都可作人语。】

生:好!

师:你们了解到的蜗牛有什么特点呢?

生1:爬得慢,有壳。

生2:有黏液。

生3:身体软软的。

生4:它的牙齿是世界上最多的。

生5:蜗牛吃素,只吃蔬菜。

生6:头会伸缩。

师:小朋友们对蜗牛真是太了解了!写好微童话最重要的就是要抓住特点!蜗牛的特点这么多,你抓住它的一个特点,围绕这个特点进行创作,就很了不起了！在刚才的微童话里小蚂蚁有伙伴——谷子，你能给小蜗牛也找一个伙伴吗？

生1：我想找蚂蚁。

生2：青菜。

生3：蜗牛和巨蜥。

生4：玫瑰花。

师：有没有不是动物和植物的？【引导学生发散思维。】

生1：蜗牛和小河。

生2：蜗牛和蝴蝶结。

师：找好蜗牛的伙伴了吗？找好的同学坐端正，我请同学来说一说你的故事。

生1：有一天，蜗牛出去玩，碰到一只大象。大象感觉有点痒，它就躺下来挠痒痒了。

师：大象为什么感觉有点痒？

生1：因为蜗牛在它身上爬来爬去。

师：也就是蜗牛出去玩，碰到了大象，它以为大象是？【追问得好。】

生1：一面墙！【答得棒。】

师：它以为大象是一面墙，就在大象身上……

生1：爬来爬去。大象感觉痒死啦痒死啦，就倒在地上打滚，不小心把蜗牛压碎了。

师：蜗牛被压碎了？

生1：嗯，蜗牛就脱了壳逃出去了！【接着还能写个《蜗牛找壳记》。】

师：嗯，这是你的故事。谁还有故事？

生2：森林里有一条小河，狐狸和小熊都过得去，可是蜗牛和小老鼠真是太小了，过不去河。好心的大象看见了，它就说：我的鼻子像座桥，你们就乘着我的鼻子过去吧。蜗牛它们每次过河的时候都找大象，而且它们还自豪地和狐狸、小熊说大象的鼻子滑来滑去真好玩！小熊和狐狸也想试试看，所以它们也去找大象过河……（学生还想说。）

师：好，到这里为止。这是谁和谁的故事？【收住。】

生2：大象和蜗牛的故事。

师：如果再说下去，就变成了谁和谁的故事了？我们今天是要给小蜗牛找一个伙伴，所以你的故事要围绕着蜗牛和大象来展开。动动小脑筋去想想看，蜗牛和大象关于过河还会发生什么？

师：有给蜗牛找的伙伴不是动物和植物的吗？

生3：我有！

师：好！你来说说你的故事。

生3:小蜗牛出去散步,走着走着,遇到一块大石头。大石头说:"你好,蜗牛。我想去看看世界,可是我不能走路,你能带我去吗?"小蜗牛想啊想,突然它想到了,它每去一个地方,回来就用黏液在石头上画下来。就这样石头也能看见外面的世界了。

师:非常好!你抓住了蜗牛的特点,又找了一个伙伴,创作出了一个很好的故事!现在请你写下你的故事。

教学反思

整节课上下来,自己感觉最吃力的还是如何引导学生围绕蜗牛的特点来创作微童话。在课堂交流的过程中,学生不能很好地把蜗牛的特点用到故事里。故事主角虽然是蜗牛,但是如果换成其他动物,故事也照样成立。在课后反思的过程中,我想到了在引导环节是否可以将蜗牛的一个特点和某个动物、植物或者其他事物相对应来创作故事。于是我就想到了对已有的板书加以改进。

特点	
有黏液	蜗牛与玫瑰
有壳	蜗牛与蚂蚁
爬得慢	蜗牛与石头
有触角	蜗牛与大象
牙齿很多	……
遇到盐水会化成水	
……	

原来的板书

特点:	伙伴:
有黏液	
有壳	
爬得慢	
有触角	
牙齿很多	
遇到盐水会化成水	
……	

改进后的板书

原来的板书,学生说到什么,我就写什么,比较随意,无助于学生思考。改进后的板书,左边是蜗牛的特点栏,右边是伙伴栏。学生说完特点后,教师抓住蜗牛的某一个特点来让学生发挥想象,根据这个特点,让学生给蜗牛找一个伙伴,思考它们之间会发生怎样有趣的故事。之后再让学生自选一个特点,围绕特点来找一个伙伴,说故事。这样,学生就能围绕蜗牛的特点来进行创作了。在以后的微童话创作中如果也能将板书作为构建学生创作框架的工具,可能会使学生的创作更有特色。

学生习作

蜗牛与桂花树

文/段茹卓

一天蜗牛出去玩,闻到山坡那边有一种非常香的味道。蜗牛被这种味道吸引住了,往山坡上爬去。到了晚上,蜗牛才爬上山坡。蜗牛这才知道香香的味道来自那棵桂花树。蜗牛每天都想闻到这种味道,它一边想一边把身子缩进它的“家里”。就这样,蜗牛每天都看着桂花树,闻着桂花的味道。

蜗牛与枯叶盾牌

文/潘佳麒

一天,蜗牛想:我爬得慢,很容易被别的动物攻击,如果我有一面枯叶盾牌不是很好吗。它二话不说立刻去找材料。它用两片枯叶,一片绿叶,还有一点枯草做成了一面枯叶盾牌。拿起来一看,嘿,别提多棒了!

蜗牛与石头

文/吴宜蔚

下了一天雨,到了晚上雨不下了,蜗牛出去玩。蜗牛看见一块很小的石头,对它说:“你想不想和我一起玩?”小石头说:“我也想和你一起玩,可是我动不了。”蜗牛找来几棵草,它把小石头用自己的黏液粘在上面。蜗牛说:“这样我们就可以一起玩了。”

蜗牛与大象

文/陈章亚哲

有一天，蜗牛出去玩，碰到一只大象。它以为大象是一面墙，就在大象身上爬来爬去，大象感觉痒死啦痒死啦，就倒在地上打滚。蜗牛很害怕，就脱了壳逃出去了。它担心起来，晚上睡哪里呢？

微童话教学角度三：大与小

出题人:陆生作

写好微童话,最难得的是那么一点可遇不可求的创意——现在不论做什么都讲创新呢。当然,对学生不一定提这么高的要求。出乎我意料的是,他们往往会把惊喜带给我们。可能他们涉世不深,生活比成人更接近童话世界,就像大人总是去庙里烧香拜佛求菩萨,凡人的那么多愿望都要照顾,菩萨多累呀！可只有小孩子会说“菩萨,保重身体”！也许,在写童话这一点上,成人更应该向孩子学习。

学生在写微童话时,第一可让他们放松,因为字数少,200 来字就行了。第二可激活他们的想象,培养想象力。第三有助于他们平时的习作,甚至可能从此播下了一颗小小的文学种子,培育出作家来呢！虽然绝大部分学生是不会当作家的,但文学带给人一生的享受与抚慰,不是很大一片天吗？我想,这也是微童话中“大与小”的一个方面。

单论写作而言,微童话的“大与小”是一个很有意思的问题,杭州市夏衍小学的章弢老师在微童话教学中提到了这一点。我想由此展开,从以下几个方面讲讲个人看法。

一、角色的大与小

红花总要绿叶配,主角总要配角衬。比如:有一张图片,图片中有一棵兰花,两只蚂蚱。在“兰花与蚂蚱”中,挑一个主角(大),让另一个做配角(小),可能故事的构成会更清晰。比如,是蚂蚱遇到了困难,求兰花贡献了一片叶子而已。那么,蚂蚱当然是主角,它完成了故事的大部分,而兰花在关键点出场即可。

二、个体的大小

想象一下:一个成年人,骑在一只蜜蜂上面,飞行！——这样的画面很有童话感觉吧？

比如:大人国、小人国、拇指姑娘、拇指兄弟……人物体形的大小一变化,故事的世界就发生了变化。就像我们讲“远方”那样——对人来说,一百米真的不远,但对一只蚂蚁来说,那真是万水千山。

在“兰花与蚂蚱”中,兰花有多大,蚂蚱有多大?童话故事中随你想,你想多大就有多大,你想多小就有多小,不是说蜗牛的触角上还有两个小人国吗?这小人国里的人放在显微镜下也可能看不见吧。

章骋老师的学生孙嘉玮看这张图片写了一篇微童话《花香指引》,故事里的兰花很大很大,它可是笼罩了整个村庄的!

> 大雨袭击了昆虫村。
>
> 当洪水退去,蚂蚱从昏迷中醒来,绝望中,闻到一缕熟悉的花香……
>
> 兰花是村庄的守护者。白天,用绿荫笼罩村庄;夜晚,以花香呵护熟睡的村民;现在,它正不断散发香味。
>
> 蚂蚱循着花香蹦跳……“咕咕”“呱呱”“嘎嘎”……路边草丛里蹦出一个个身影。花香渐浓,大家都赶在回家路上!

这个体的大小,也可借助外力。比如,吃颗变小丸,或吃粒变大丸。名侦探柯南就是变小了的啊!用上了变大变小的道具,故事就又多了一些变数,可能性增多,想象的空间就更大了。

三、以小见大

微童话篇幅很小,但它可以包下大大的梦想,大大的道理……

绘画中有“尺幅千里”一说,在文学创作上同样如此,不然海明威不会提出“冰山原理”。作者写成文字的那部分,是海面上的冰山,没写出来的、藏在字里行间的是海面下的冰山,它更大。从中,也可以感受到写作要写得简洁有效,这是需要功夫的。更重要的原因是,读者也不笨啊,就像猜谜一样,给读者一点点线索,他们就能找到答案。想起孔子的春秋笔法,“郑伯克段于鄢”,虽然只有六个字,但作者的鲜明态度尽在其中。

建议老师在微童话教学中,和学生一起尝试改变角色的大小。这样一定会打开一个不一样的童话世界,那里惊喜多多。

这一次学习技法:大与小。

1. 上课可以从蜗牛导入,讲《蛮触之争》,这是小。

> 有国于蜗之左角者,曰触氏,有国于蜗之右角者,曰蛮氏。时相与争地而战,伏尸数万,逐北旬有五日而后反。(出自战国庄周《庄子》)

这是一篇很好的微童话呢!

2. 接着讲《大蟹》,这是大。大与小,突破生活常规,解开学生想象力的束缚。

> 尝有行海得洲渚,林木甚茂。乃维舟登岸,爨于水傍。半炊而林没于水,遽斩其缆,乃得去。详视之,大蟹也。(出自唐代孟琯《岭南异物志》)

这也是一篇很好的微童话。意思是：曾经有个航海人在海中发现一片陆地，上面树木长得非常茂盛。于是，他靠岸停船，登上陆地，在水边烧火煮饭吃。可饭刚煮了一半，他发现树木慢慢沉到水里去了。他害怕啊，急忙割断缆绳，跳上船，离开了。当他回头仔细看时，哪里是片陆地呀，是一只螃蟹呢！

3. 讲过大与小之后，出示图片。

让学生确定，他要写的这只螃蟹是大的，还是小的。大有多大，小有多小？在它身上会发生什么故事？

4. 找到螃蟹的特点，用在故事中。老师要追问。

为什么我老是强调从主人公的特点入手？这是为了“物性”与“人性”的结合，让角色具有不可替代性。角色一旦失去了“物性”，那么，这个角色就可以随意被替换了。比如：大象用鼻子一勾，把它从坑里救了出来。这里就用到了大象的特点——它的鼻子长，就没法用老虎、兔子等动物去替代大象了。在日常写作中，很多学生的作文，主人公都是可以替换的——小猫变小狗，作文照样没毛病，说明学生写得还不够好。

失败之中有金子

授课:魏露(浙江省杭州市余杭区安吉路良渚实验学校)

四年级微童话课

课堂实录

一、举例导入,感受大与小的魅力

师:同学们,我们读的这么多的童话书里面,有大人国,也就是巨人,还有小人国。我们想象一下,一个成年人骑在一只蜜蜂上面飞行,这样的画面是不是特别有童话感?觉得很搞笑,很滑稽。再比如说,拇指姑娘、拇指兄弟,你看,同样都是人,但是呢,只要这个大小一变化,故事的世界就发生了很大的变化。就像我们讲的远方,所谓的远方,对于我们来说,一百米真的不远吧,但是对于一只蚂蚁来说,一百米就可能相当于我们的万水千山了。所以你看,不同大小的生物,在它们眼中世界的大小是不一样的。我们来看看这幅画,你看到了什么?(出示图片。)

生:看到了两只蚂蚱。

师:还有吗?

生:有一朵花。

师:图中有兰花还有蚂蚱,那么兰花和蚂蚱到底有多大呢?随你想。你想要多大,它就可以有多大。你也可以想一下它有多小,小到看不见,都有可能吧?有个小朋友写了一篇微童话,我们请一个同学来读一下。(读孙嘉玮的微童话《花香指引》。)

> 大雨袭击了昆虫村。
>
> 当洪水退去,蚂蚱从昏迷中醒来,绝望中,闻到一缕熟悉的花香……
>
> 兰花是村庄的守护者。白天,用绿荫笼罩村庄;夜晚,以花香呵护熟睡的村民;现在,它正不断散发香味。
>
> 蚂蚱循着花香蹦跳……"咕咕""呱呱""嘎嘎"……路边草丛里蹦出一个个身影。花香渐浓,大家都赶在回家路上!

师:一共100多个字的微童话,你看,他把谁想象得大起来了?

生:兰花。

师:大到什么程度啊?

生:它可是笼罩了整个村庄的。

师:见过村庄吧?我们就说说良渚文化村吧。从食街到村民食堂再加上各个住宅,这么大的一片,全部被什么笼罩着?

生:兰花。

师:而像村庄一般大的兰花,是给谁当防护伞的啊?

生:蚂蚱。

师:但是这不是无缘无故的,是有原因的,那是因为什么呢?

生:因为大雨袭击了昆虫村。

师:在大家都很绝望的时候,却又有了一线希望,为啥?

生:因为兰花。【在师生对话中,故事的情节关系、结构、夸张想象都出来了。】

师:这是其中一则微童话,我们再往下看。蜗牛我们都写过吧,我们知道蜗牛头上有两对触角。在很多很多年前啊,有这样的一篇文言文,《蛮触之争》:"有国于蜗之左角者,曰触氏,有国于蜗之右角者,曰蛮氏。时相与争地而战,伏尸数万,逐北旬有五日而后反。"这是啥意思呢?谁能来猜猜看。

生:有一个国家在蜗牛的左触角,叫触氏,还有一个国家在蜗牛的右触角,叫作蛮氏。他们有时候相战。

师:可能会为了什么而战?

生:为了争地盘而战,然后死了好多人。后面的我就不太清楚了。

师:那我们一起来看一下。有一只蜗牛,它的左角上有一个国家,叫作触国;它的右角上也有一个国家,叫作蛮国。这两个国家,为了争夺土地,经常彼此厮杀,直杀得尸横遍野,血流成河,到追击败兵,至少要半个月,才肯收兵回国。还有另一个故事《大蟹》。谁来读一读。

生:曾经有个航海人在海中发现一片陆地,上面树木长得非常茂盛。于是,他靠岸停船,登上陆地,在水边烧火煮饭吃。可饭刚煮了一半,他发现树木慢慢沉到水里去了。他害怕啊,急忙割断缆绳,跳上船,离开了。当他回头仔细看时,哪里是片陆地呀?是一只螃蟹呢!【将例子化于对话中,好的。】

师:懂它的意思吗?

生:把螃蟹看成了陆地。

师:可见这个螃蟹怎么样?

生:巨大。

师:这只蟹,老师今天带来了,你看看。今天我们这个主题,就是大与小。这只蟹可以变大也可以变小，那么变大和变小有什么途径呢？

生：吃了某种药。【道具的出现。】

二、认识主角，创编故事

师：是呢，这变大变小也是可以借助某种外力的。这只螃蟹大了之后或者小了之后发生了什么不一样的事情呢？今天我们的主角是螃蟹。那么螃蟹有什么特点，或者有什么故事呢？【还是要抓住特点。】

生：螃蟹横着走路。

生：螃蟹有八只脚。【“蟹六跪而二螯”，六只脚不行吗？】

生：它的蟹壳很硬。

生：它缺水的时候会吐泡泡。

师：它吐出来的泡泡是不是也可大可小啊？可能会发生什么情况啊？

生：触角像眼睛。【平生不肯低双眼，阅尽清流与浊流。】

生：下部是它的弱点。【民间故事中，法海躲在里面呢！】

师：看来螃蟹的特点也不少。那么，你的这只螃蟹是变大呢，还是变小呢？变身之后又发生了什么故事呢？接下来的时间交给你。【在追问中，缺少一个完整的构思范例。】

教学反思

说起大与小，我就想起有人说过，小孩子是不喜欢逛商场的，因为大人看到的都是琳琅满目的精美商品，可是孩子看到的却是长短不一的腿。从不同的视角看这个世界肯定是不一样的，童话里大与小的转换更会带给人不一样的效果。接到这个题目，说实话，脑子里除了老师给出的这些大人国、小人国、拇指姑娘的故事外，并没有什么其他新奇的故事出现。对于这节课，我感到有些束手无策，除了引用了几个例子之外，我并没有其他一些好的思路。【可写写下水文。】所以，这节课就变得非常失败。

不论是课堂的状态，还是课后的习作，都没有一个非常好的效果。反观这节课，都是教师的讲解，少有互动，没有很好的问答环节，缺少故事情节的推动，没有完整故事的生成。举的几个例子，可能是激发了学生的一些想象，但是对于他们自己写一个有趣、生动的故事，却没有什么实质性的帮助。甚至最后引出的螃蟹也感到有些突兀，觉得反而更加限制了孩子们对于“大与小”的想象和思考。

开始写的时候，很多孩子都过来问我，能不能不写螃蟹，就写自己变大或者变小了,我犹豫了一下,同意了。我想,微童话课就让孩子们自由一点吧,只要他们愿意写,跟主题还有些贴切,也没有什么不好。

最后写自己变小的小作者,是我们班级平时写作能力比较欠缺的小朋友。他一直讨厌作文,平时也嚷嚷着不会写作文。第一次上微童话课的时候,他虽然课堂上参与了讨论,但是最后也没有写一个字。第二次上微童话课的时候,他稍微有了一点兴趣,但也没有出现相应的作品。到第三次上微童话课,他主动问我能不能写自己变大变小,得到肯定回答后,就写了长长的一段。虽然个别语言还很口语化,也比较随意,但是孩子敢写、想写的状态给我带来很多惊喜。【这已经是进步。】而且我也相信,这样的状态继续保持,他会渐渐不再害怕写作。

最后,我感触最深的一点,就是微童话的课堂设计以及语言的组织看似随意但应走心。这一次的课有很多遗憾的地方,但在遗憾之中我也收获满满!

学生习作

螃蟹岛

文/冯紫彤

修改前:有一只贪吃的螃蟹去森林里采果子,它看见一个奇怪的果子,它很好奇就一口气吃了下去。第二天,它发现自己变得很大,心想:"我应该发挥更大的作用。"于是,它就到了海里,浮在水面上,人们把它当作会游的岛。有一天,它终于厌倦了自己的生活,又到那个森林里找到了可以变小的果子。可是人们对这个会游的岛却恋恋不舍。

修改后:有一只贪吃的螃蟹去森林里采果子,它看见一个奇怪的果子,很好奇就一口气吃了下去。第二天,它发现自己变得很大,心想:"我应该发挥更大的作用。"于是,它就到了海里,浮在水面上,人们把它当作会游的岛。第五天,它终于厌倦了自己的生活,又到那个森林里找到了可以变小的果子。可是人们对这个会游的岛却恋恋不舍。第六天,海面上又出现了一座螃蟹岛。

讨论三个问题

1. 修改前和修改后,哪个好?
2. 第六天的螃蟹岛是新的一只螃蟹变的吗?
3. 如果是新螃蟹,它和旧螃蟹相比,哪只螃蟹让故事更有意义?

主编有话说

魏老师说，这第三次课上得一般，实录不写了。其实，好课有好课的好，坏课有坏课的好，甚至坏课更好！

我们讲失败是成功之母，不是说失败之后就会有成功。失败与成功之间有一座桥，“坚持”走在桥上，“反思”走在桥上，最后才能从失败的南岸走到了成功的北岸。就像我们讲静待花开，不是静坐在那里等，而是静心等，等的时候不可拔苗，但一定要助长——拔草、浇水、施肥。唯有如此，失败才是成功之母，静待才能见得花开。

魏老师说，在反思的过程中确实有和以前不一样的思考，有收获！这很好啊。

微童话，微整形

——学生作品的集体思考和修改

授课：魏露（浙江省杭州市余杭区安吉路良渚实验学校）

四年级微童话课

课堂实录

一、课前思考

上交了第三次微童话课堂实录之后，陆老师就我班学生冯紫彤同学的作品做了一些修改。（见本书第101页。）

同时，陆老师给我留下三个问题：

1. 修改前和修改后，哪个好？

2. 第六天的螃蟹岛是新的一只螃蟹变的吗？

3. 如果是新螃蟹，它和旧螃蟹相比，哪只螃蟹让故事更有意义？

二、课堂实录

（围绕这三个问题，我在班级里又上了一次“微童话，微整形”的课例。）

师：读这两则微童话，你觉得哪个好？

生：第二则好。

师：好在哪里？

生：最后一句好像给人带来了希望。

生：让我有了想象。

师：想象什么？

生：想象这只螃蟹怎么又回来了？

师：你怎么知道第六天的这只螃蟹是原来的螃蟹呢？它会不会是一只新的螃蟹呢？

生：会。

师:如果是新螃蟹,它和旧螃蟹相比,哪只螃蟹让故事更有意义呢?同桌相互讨论一下。

(学生激烈地讨论。)

生:我觉得旧螃蟹更有意义。

师:意义在哪里?

生:因为后来又写了,它吃了变小的果子。但是岛上的人们却非常喜欢它,不舍得它离去。于是它一想,哎呀,人们这么喜欢我,我不应该就这么走掉了。所以它又吃了变大的果子,继续为人们服务。

生:我觉得新螃蟹更有意义。因为新的螃蟹看到旧的螃蟹已经厌倦了那种生活,但是觉得人们还是喜欢这样的岛的,所以也去当了一个岛。

师:你的意思是新螃蟹怎么样?

生:新螃蟹在替它。

师:替,能换一个字吗?

生:模仿。

师:它为什么要模仿旧螃蟹呢?

生:因为它觉得这样人们会喜欢它,有意义。

师:这是一个榜样的力量,新螃蟹感受到了旧螃蟹的价值,所以就来模仿了。这是新螃蟹的意义。

生:我觉得肯定是新螃蟹。

师:那你觉得是新螃蟹的意义在哪里?

生:意义跟前一个同学一样,而且前面已经说了,旧螃蟹已经厌倦了这种生活,怎么会再回来呢?

生:我也觉得是新螃蟹的意义大,因为新螃蟹来了,它可能想的法子和旧螃蟹不一样,可能让人们更新奇了。

师:还有吗?

生:就算这是旧螃蟹,它已经厌倦了这样的生活,如果还是在这里的话,它天天在这里还是过得不开心。

师:可是刚刚吴伊迪说了,旧螃蟹后来觉得自己是有价值的,是被别人喜爱和信任的,所以,比起无聊,它会不会觉得让别人快乐更有意义啊?

生:我觉得旧螃蟹更有意义。文中只说了,旧螃蟹找到了可以让自己变小的果子,但没有说它吃了呀。它可能在准备吃的时候放下了那个果子,它在纠结。然后凌晨的时候就做了一个决定,要重新变成那个岛。

师:他说了一个词特别好,叫"纠结"。你告诉魏老师,它那个时候可能在纠结什么?

生:纠结到底去不去做这个岛?

师:去不去?去的原因是什么?

生:因为人们都喜欢它,它觉得人们在它身上生活很开心。不去的原因是它每天在海上漂来漂去,觉得特别无聊。

师:最后是什么战胜了什么?

生:无私的精神战胜了自私的精神。

师:给他掌声!你是一个会思考的小朋友。

师:你看,我们讨论了这么多,新螃蟹有新螃蟹的意义,旧螃蟹有旧螃蟹的价值,就看你怎么去理解它了。每个事物都是这样子的,我们每个人从不同的角度去看,就会有不同的思考。作者最大的作用是什么?就是让读者有思考的空间。就是这样简单的一句话"第六天,海面上又出现了一座螃蟹岛!"让文章不仅有了情节,也有了立意点。以后,我们在写作的时候,也要多动动脑筋,怎样启发读者去思考,让文章更加有意义。思考比阅读本身更有意义。

教学反思

老师修改学生的文章是常态,大部分局限于错别字、标点符号、语句通顺、文章结构的修改。所以,看到陆老师这种上升到文本意义挖掘的修改,我还是很震惊的,仅一句之言,竟有点睛之意。短短的一句话,让文章不局限于情节,也给了读者更多的思考空间。我想,这个岛究竟是旧螃蟹变的还是新螃蟹变的,并不重要,重要的是作者给读者留下了可思考和探究的空间。学生在讨论中,不仅有了对文本的再度认识,也对写作方法有了微妙的感受。正如学生讨论的一般,不管是旧螃蟹,还是新螃蟹,都有它的价值和意义。但是它最大的价值还是在于给读者再度思考的空间。

主编有话说

这两篇微童话,我也问了20个学生,10个三年级的,10个六年级的。

三年级的学生大多数觉得第二篇好,认为第一篇没写完。

六年级的学生则一半一半。觉得第一篇好是因为结尾留了悬念,需要脑补很多内容;觉得第二篇好是因为结尾让故事更有波折、有意义。

在讨论中,两篇微童话的好坏已经不重要了。关键是学生在思考,他们是讲逻辑的,而且讲得很好,关注到了文本的解读,能够从细处去解读,这是一种很重要的能力。所谓听话听音,作者的遣词造句都应该是有态度的。

比如:讨论新螃蟹和旧螃蟹哪个更有意义?

说是新螃蟹的学生，着眼于文中的“厌倦”，既然干得不开心了，那干吗还要干下去呢。——他们这是爱一行干一行，而不是干一行爱一行，他们有自己的思考。

说是旧螃蟹的学生，着眼于文中的“恋恋不舍”，既然人们那么喜欢“我”，肯定了“我”的价值，那就接着干呗，有意义。

如果是旧螃蟹，先变大，又变小，再变大，这是过程，也是写作技法。

与学生讨论，让他们说自己的想法，不仅对写作有益，对成长也有益。

如果把“第六天，海面上又出现了一座螃蟹岛！”改成“第七天，海面上又出现了一座螃蟹岛！”——只多一天，但这篇微童话的空间会变得很大，留给读者的想象也多很多。

有技法，果然不一样

授课：饶静文（浙江省衢州市柯城区鹿鸣小学）

五年级微童话课

课堂实录

第一课时

一、教学前谈话

师：同学们，今天我们要写第三次微童话了。我们首先来回忆一下前两次的写作内容。

生：都是看图写话，第一次写蜈蚣与飞蛾的故事，第二次写蜗牛的故事。（几乎是齐答。）

师：两次写的内容有什么不同吗？

生：第一次有两个小动物，第二次只有一个小动物。

生：第一次写起来会简单些，第二次需要我们寻找故事的配角。【回忆有助于写作。】

……

师：因为前两次大家表现不错，从这次开始，老师要教大家写作技法啦。说不定，五(4)班还能出一个作家。

（生相视，互笑。）

师：怎么，不相信？我觉得毛圣豪同学、朱子涵同学就有这样的潜力，小刘同学勤奋一些也可能会成功。

（生不好意思地笑了。）

师：你们知道我想要教你们什么技法吗？

生：要有想象力吧。

生:要学会用夸张手法。

生:人物对话要生动。

……

二、解读技法:大与小

师:请睁大你们的眼睛,看课件。(课件出示技法:大与小。生窃窃私语,一脸迷茫。)

师:请大家再看课件。一起来读一读。

(课件出示:想象一下,一个成年人骑在一只蜜蜂上面飞行,这样的画面很有童话感吧!)

师:看,你们笑了。告诉我为什么笑?

生:感觉人不可能骑在一只蜜蜂上,这个想法会让人一笑。

师:但,这个想法吸引你了,让你笑了,你说,这样的想法有魅力吗?

生:有的。起码我想读下去。

师:这个就是创作。要有与众不同的效果。只有你写出来的故事能吸引读者的眼球,这才是好故事呀。比如《西游记》,大家百读不厌,导演们以它为主题拍了一部又一部电影。(孩子们立马议论起"星爷"。)

师:说到大与小,你想到什么?

生:我读过大象与老鼠的故事。

师:嗯,这是形的大小。还有吗?

生:还有恐龙和老鼠的故事。

师:嗯,这个与刚才的发言类似。

生:我觉得还有心胸的大与小。有的人心胸宽广,有的人心胸狭窄。

师:好,从有形的大小变为无形的大小啦!

生:还有人力量的大与小。

师:同学们,你们读过运用大与小的技法创作的故事吗?

生:《大头儿子和小头爸爸》。

生:《白雪公主和七个小人》。

生:蚁人,电影《蚁人》,我看过的。【唤起生活体验了。】

生:《装在口袋里的爸爸》。

生:《绿巨人》。

……

三、看图，尝试运用技法“大与小”

师：来，让我们一起看图。（课件出示兰花。）想想，如果让你创编这个故事，你想让谁变大？

生：让兰花变大，成为蚂蚱的房子。

生：让蚂蚱变大，成为兰花的守护神。

……

师：让我们一起来阅读微童话《花香指引》。（课件出示。）

> 大雨袭击了昆虫村。
>
> 当洪水退去，蚂蚱从昏迷中醒来，绝望中，闻到一缕熟悉的花香……
>
> 兰花是村庄的守护者。白天，用绿荫笼罩村庄；夜晚，以花香呵护熟睡的村民；现在，它正不断散发香味。
>
> 蚂蚱循着花香蹦跳……“咕咕”“呱呱”“嘎嘎”……路边草丛里蹦出一个个身影。花香渐浓，大家都赶在回家路上！

师：这则微童话把谁变大了？

生：把兰花变大了。

师：何处可见？

生：白天，用绿荫笼罩村庄；夜晚，以花香呵护熟睡的村民。

师：是啊，绿荫是有形的大，花香是无形的大，多美的想象呀！我们写微童话，就要想别人所想不到的，这样才能吸引读者，对吗？你还有什么收获？

生：故事能传递正能量。

生：故事要编得美一些。

生：要会用拟声词。（居然有同学在笑，也许在笑此生回答得“没有内涵”吧。）

师：挺好的呀，为什么有笑声呢？好事得让大家分享，来，继续。

生：想法奇特，居然把兰花当作村里的守护神。

师：那你认为把兰花当守护神好呢，还是把蚂蚱当守护神好呢？

生：当然是兰花。

师：为什么？

生：兰花美丽、芳香。

生：兰花还代表坚贞、美丽。

生：兰花是花中君子。

师：是啊，童话故事中，把谁定为主角，定为配角，这都是有讲究的哦。来，让我们再来读一读这则微童话。

四、读古文，感受运用大与小技法带来的魅力

师：其实，在我国古代，许多名人在创作自己的作品时，也善于用上“大与小”这样的写作技法。还记得我们上次微童话故事的主角吗？（学生齐答“蜗牛”。）中国伟大的哲学家庄子就写过一则与蜗牛有关的微童话，大家想不想读一读？

（课件出示庄子的文章《蛮触之争》。）

师：自由读一读，谁能说出这则故事的大意。

（没有人回答。）

师：在这则故事中，庄子把什么放大了？

生：是蜗牛。

师：读出关键的句子。

生：有国于蜗之左角者，曰触氏，有国于蜗之右角者，曰蛮氏。

师：哇，蜗牛的角上居然有两个国家，这想象也太奇特啦。同学们，你们知道庄子是何许人也？

生：是个大哲学家。

生：是战国时代的人。

师：同学们的知识挺丰富的呀。是的，庄子的想象力极为丰富，语言运用自如，灵活多变，能把一些微妙难言的哲理说得引人入胜。他的作品被后人称为“文学的哲学，哲学的文学”。瞧，几千年前的古人都在创作微童话啦，看来，作为后辈，我们得加油哦。那么，庄子既为哲学家，他创作这则微童话想告诉我们一种什么现象或是什么道理呢？

（生沉默许久。）

师：温馨提醒一下，我们每个人都会有“蛮触之争”的时候。

生：哦，就是自我矛盾吧。

生：哦，有时我们的内心会有两种声音，一个让我们这样做，一个让我们那样做。

生：回家时，我既想看电视，又想做作业，经常会纠结。

师：孩子们马上想到了，真棒。由此，也让我们看到，充满生命力的作品都是接地气的，指向现实的，具有思想内涵的，是吧。让我们再读一则小古文中的微童话吧。自由读一读。大概的意思读懂了，就举手和大家分享一下。

（课件出示《大蟹》。）

师：谁来说说这则微童话的大意。

（没有人回答。）

师：这则小古文中，作者运用夸张的手法，为我们描写了什么？

生:一只大蟹。

师:这蟹有多大。

生:和洲渚一样大。

生:上面还长着茂盛的树木。

……

师:这只大蟹生活在哪里呢?

生:生活在海上。

师:是啊,在人们的思维中,海上往往会发生许多意想不到的事,因此,我们创作故事的时候这个地点也应好好推敲一下哦。

五、揭示主角,构思属于自己的故事

师:来,今天,我们微童话的主人公就是一只大蟹。这只蟹在你们的笔下会发生什么故事呢?饶老师拭目以待。

(课件出示大蟹,也叫招潮蟹。)

师:请同学们仔细观察这只大蟹,注意它的特点,尝试利用大与小的写作技法,创编属于你的微童话。

(生自由创作。)

第二课时

师:这节课,我们来交流属于你们的故事。(课件出示大蟹。)请同学睁大眼睛,看看这只蟹有什么特点?

生:它有一只黄色的大钳子。

师:哦,真好,你的目光聚焦到了大钳子,这只大钳子在你的故事中起到了什么作用呢?

生:打起架来可厉害了。

师:那它为什么要打架呢?

生:为了争地盘呀。

师:和平年代写战争,老师觉得有待改进。

生:我发现,这只大蟹远看像一台电视机。

师:想象力真丰富,还真有点像。这只像电视机的大蟹出现在哪里呢?会发生什么故事呢?你写好了吗?

生:还没有。

师:嗯,期待你的作品哈。

生:我看到了它的眼睛很特别。我吃过的螃蟹眼睛是长在头上的,没有触角,而这只蟹的眼睛和蜗牛的触角相似。

师:对啊,它有一双奇怪的眼睛,这眼睛会很利于远望吧。

生:它能看到别人看不到的地方,我想让它去当侦探。

师:嗯,我期待你的侦探故事。

生:我发现它的大钳是黄色的,很亮丽。

师:那你觉得这黄色的大钳是怎么来的?

生:整出来的。

师:啊,蟹也对钳整容,有意思。它为什么整?整成这个样子,它后悔吗?希望你的故事有趣些。好了,先交流到这儿吧。记住,抓住特点进行创编,才能写出与众不同的故事。让我们再次诵读《蛮触之争》《大蟹》,记住先贤留给我们的佳作。

教学反思

1. 这节课的设计,我自感容量偏大,主要对两则小古文用力过多。究其原因,近日刚好在和学生们研读《小古文一百篇》。教学中,我一方面让学生自主诵读小古文,想借机检查他们阅读古文的能力是否有所提高。另一方面,我想借助这两则小古文,让五年级的学生从范例中悟得大与小的创作技法。结果,我自认为在课堂上表现出色,学生也听得很认真,但把自主创作时间放到了第二节课进行,就失去了即时创作这一当下性,这次微童话的质量明显降低了。【打铁趁热!如果第一课时就写,可能情况会更好些。】

2. 从小古文中悟得写法后,学生却难以运用。课堂上,我一边读小古文,一边小结出写作的技法。然而,孩子们在创作中却难以运用起来。

3. 我改为先让孩子们进行独立创作,然后在第二课时进行交流修改,结果发现,孩子的故事是随性的。好多孩子根本经不起课堂上的追问,有大半的孩子在第二课时又重新创作了一则微童话。被老师同学牵着走,有利于孩子个体的成长吗?我再次困惑。

4. 感觉这次的大蟹的故事还真的蛮难创编的。【挑战过了某一阶段的“难”,就进步了。】

学生习作

华丽带来的结果

文/郑圣

一天,一只招潮蟹在照着镜子,一边赞叹着左手的华丽与健壮,一边对右手不满。

它觉得自己的右手实在太小了,比不上华丽又健壮的左手。一只海蟹走了过来,问:"怎么了,招兄,闷闷不乐的?"招潮蟹回答:"看我这右手和我的左手一点都不成比例。"忽然,招潮蟹看见食蟹鱼游过来。"快跑。"招潮蟹喊道。海蟹听了连忙躲到了石头下面,而招潮蟹只进去了半个身子,因为左手实在太大了。

最后,招潮蟹因为自己引以为傲的左手,被食蟹鱼吃了。

大钳子与小钳子

文/张旭

一天,招潮蟹的大钳子与小钳子又吵起架来了。

小钳子说:"我小巧灵活,是取食物的小帮手,不像你,又大又笨重。"

"我可是防身用的重要武器,不像你,瘦瘦小小的。"大钳子说。

"没有我,螃蟹怎么吃东西?"

"没有我,螃蟹怎么与同类打斗?"

"我更有用!"

"明明是我更有用!"

"我虽然小,但取食更迅速。"

"我虽然大,但打斗时,威力更强大。"

正当它们吵得不可开交时,小钳子决定找螃蟹评理,大钳子也同意了。

螃蟹说:"你们都很重要,都是我不可缺少的。"大钳子和小钳子听了,这才和解了。【这个套路用得很纯熟。】

爱美的招潮蟹

文/姜雨轩

“谁说只有人才能爱美，我们螃蟹也可以爱美。”爱美的招潮蟹大哥说着便揪了揪自己胸前的领带。

今年，螃蟹家族流行左手是金黄色的，所以招潮蟹大哥便去整容了，不是整脸而是整手。

它去了医院，起先有些紧张，看手术做好了，就这样它觉得自己非常美，于是就拍下了这一张照片。【故事虽一般，但有生活的影子。】

招潮蟹的故事

授课:俞赟[浙江省杭州市育才教育集团(总校)]

三年级微童话课

课堂实录

一、欣赏微童话,对比感悟

师:今天上课前,我们先来欣赏几则微童话,谁愿意来给大家读一读?

生1:《大熊和青蛙》。

大熊想念青蛙。青蛙想念大熊。他们有一个冬天,没有在一起了。春天还有多远呢?大地妈妈说:"冬天和春天的距离,就是想念的距离。"

生2:《蚂蚁和一粒谷子》。

小蚂蚁在田边捡到一粒谷子。它大声问:"这是谁掉的谷子?"没有人回答。小蚂蚁就守着这粒谷子,一天又一天过去了,直到谷子发芽,长成禾苗,扬了禾花,又结了一串沉沉的谷穗。后来,小蚂蚁有了一小片禾田。小蚂蚁还在原来捡到谷子的地方守着,等着丢失那粒谷子的人回来,还给他一片禾田。(文/王勇英)

生3:《树叶鸟》。

秋天,树叶干枯了,一片一片往下落,就像鸟儿在飞一样。忽然,就在树叶要落地的时候,每一片树叶都会变成一只小鸟。小鸟们飞起来,飞到一个美丽的湖,洗一个澡,拍拍翅膀,然后飞到远方了。树叶变的鸟,明年会回来,当他们回来的时候,还会回到树上,变成了一片新树叶。这就是神奇的树叶鸟。(文/冰波)

师:你们觉得这三则微童话怎么样?

生:好。

师:好在哪里?

生:很有想象力……(微弱的几个声音。)

师:(教师出示删去红字部分后的微童话进行对比,此处用波浪线代替红字部分。)老师把前面三则微童话的后面几句去掉,再请你们读一读。

(生读。)

师:下面我们来投个票,觉得前面没删掉红色部分好的举1,觉得后面去掉红色部分好的举2。

(生投票,全都举出一个手指。)

师:全班同学都觉得没有删掉红色部分更好,那么谁能从上面三则微童话中举例说说红色的部分好在哪里?

生:(以《大熊和青蛙》为例。)因为青蛙和大熊都是要冬眠的动物,它们在冬眠的时候一直想念着对方,过了冬天,它们从冬眠中醒来就可以见面了。

师:所以有了红色的部分让你更具体地感受到了这种思念……(学生打断。)

生:老师我觉得这个童话也可以叫"距离"。

师:很不错的想法。冬天和春天的距离,是青蛙和大熊想念的距离。那夏天和秋天的距离可以是荷花和荷叶想念的距离吗?你还能想出谁和谁有这样思念的距离?

生:秋天会落叶,树叶离开大树,春天又再长出来。秋天和春天的距离,就是大树和树叶想念的距离。

师:时间中除了想念有距离,你们从一岁长到十岁的这段漫长时间中,有哪些距离?

生:身高的距离、乳牙和恒牙的距离、不近视到近视的距离、学拼音到学写字的距离……

师:我懂了,从一岁到十岁的距离,是成长的距离。你们生活中,还有类似的距离吗?

生:上学到放学的距离,是一直想念妈妈烧的红烧肉的距离。

生:一岁到十岁的距离,是妈妈两条皱纹的距离。

师:我从你们的距离中读出了浓浓的爱意。这红色的部分真神奇,短短一句话,引起了我们更多的思考。那么另外两篇的红色部分又好在哪里呢?我把红色部分去掉好不好?反正去掉也是完整的故事。

生:不行,如果把小蚂蚁的红色部分去掉,这个故事就少了一点意思了。同样,《树叶鸟》的红色部分也不能去掉,如果去掉,树叶鸟就没那么神奇了。故事虽然完整,但是就很普通,加上红色的部分可以给人更大的想象空间。

师:你们同意他的观点吗?对于如何写微童话你们是不是有了更深刻的想法?有时候啊,只要给你们的微童话加上一点红色的部分,就会更加出彩。接下来我们就再来试一试,写一写。

二、出示招潮蟹图片,观察想象

师:今天我们微童话的主角是——

生:螃蟹!

师:这只螃蟹有它具体的名称,这是一只——招潮蟹,光听这个名字,你觉得它有些什么特点?

生:它住在潮的地方!

生:它住在海边!潮水中。

生:海边,因为海边有潮水。

师:哦,你们从它住的地方入手,那它本身的样子呢?这种螃蟹和你平时吃的螃蟹有什么不一样?

生:它背上的壳很小。

生:它的一只手臂很大。

师:我很喜欢你的这个说法,这就是它的手臂,它的手臂怎么样?

生:一只大一只小。

师:为什么会一只大一只小?你见过手臂一只大一只小的人吗?可能发生什么事了?

生:被撞肿了。

师:为什么会被撞肿?

生:也有可能是它只用这只手抓东西,一直用左手,所以右手短了。

生:也可能是因为要抓鱼。

师:那么它现在举着这只肿的手去哪里呢?

生:它的手可能是被海水给撞肿了,所以要去螃蟹医院治疗。

师:这是你们抓住的一个特点,它还有什么特点?

生:它有一只脚没了。

师:这只招潮蟹怎么满身是伤啊,它为什么失去一只脚?

生:有一天夜里,一只脚撞断被冲走了,一个钳子撞肿了。

师:哦,这是一个遇险的故事。

生:它可能打架了,有一天它遇到了一只坏的海螺,被海螺打断了一条腿,然后就是咽不下这口气,于是练了一只钳子的肌肉,要去跟海螺打架。

生:可能它远方的朋友生病了,它在去探望朋友的路上受伤了,但还是坚持去。

生:它可能遇见了一个老螃蟹,它嫌自己的手臂太瘦小,所以做了一个交易,它用自己的一条腿换了一只强壮的手臂。

三、深究特点,联系生活

师:螃蟹的身体有什么特点?是柔软的还是坚硬的?

生:坚硬!坚硬!

生:坚硬加柔软。(这个小朋友很会观察,此部分是根据这个学生的回答临时在课上修改的。)

师:为什么你说是坚硬加柔软的?

生:因为有些时候它的坚硬能派得上用场,有的时候它的坚硬派不上用场。

师:什么时候坚硬派得上用场?

生:躲避天敌,打架的时候。

师:什么时候派不上用场?

生:睡觉的时候可能会把被子弄破,没办法睡好觉。

生:穿衣服的时候可能也会把衣服撑破,就没办法穿好看的衣服。

师:一只想要穿漂亮衣服但是没办法穿,想要盖柔软的被子却没办法盖的招潮蟹,真可怜啊。这是它的坚硬的身体带来的结果,刚刚我还听到你说它也有柔软的部分,它的什么可以是柔软的?

生:眼睛!

师:眼睛为什么柔软?看到了什么吗?

生:它可能有个孩子,目光很温柔。

师:哦,坚硬的外壳可以保护孩子,但又给孩子温柔的目光,一个充满爱的故事。

生:还可能因为看到很多美景,眼睛就是柔软的了。

(有学生在底下喊“内心!”)

师:说得具体一点。

生:它的外壳很硬,看上去很可怕,但是它一直旅游,看到很多美景,路上也可以帮助很多人。

师：帮助了很多人，原来除了眼睛，这只招潮蟹的内心也是柔软的。外表很坚硬，内心却很柔软，你们身边有这样的人吗？

生：我老爸！他看上去很胖很凶，外表很坚硬，但是只要我弟弟哭一下，他就马上哄，很温柔地安慰他。

生：我学钢琴的老师，她对我要求很高，但是严师出高徒。

师：原来这只招潮蟹可以有那么多身份呢，坚硬的外壳柔软的内心，有一句俗语就是形容这种人的……

生：刀子嘴豆腐心！

师：对。你们在生活中一定遇到过这样的人，可能你还有这样的朋友，那么你自己对别人刀子嘴豆腐心过吗？你自己变成过这只招潮蟹吗？

生：有一次妈妈生日，我和爸爸就故意假装先不听她的话一定要出去，其实是去给她拿蛋糕。

师：哦，你是一只赶着去给妈妈过生日的招潮蟹。

生：我和同学吵架了，但是我们后来和好了，还是很好的朋友。

师：嗯，招潮蟹也可能跟自己的朋友吵架了，但是它柔软的内心里其实很珍惜这份友谊，所以和好了。这也是一个很好的故事。

师：每个人心中肯定有了一个小故事，接下去把你的故事写一写，写完之后，再读一读，找一找你的故事中有没有红色的部分，如果没有，想一想怎么才能加一点红色的部分。

教学反思

读了孩子们前几次写的微童话，让人眼前一亮的作品很少，很多作品都比较套路化。这次写招潮蟹也不例外，大多数小朋友都写了这么一个故事，就是和各种妖魔鬼怪打架，把钳子和坚硬外壳的特点全都映射到战斗中去了。

课前分享的几则微童话，无一不让人感到简单且温暖，最近看到的优秀微童话也都有这个特点，简短的文字，让人心里柔软了一下，很少有刻意呈现的起因、经过和结果，都是直陈最精妙的部分，我也想孩子们能写出这样的故事。

所以，我安排了课前赏析这么一个环节，在有范例的时候，孩子们说得还不错，比如《大熊和青蛙》那一部分，除了冬天到春天思念的距离，我们还可以想到成长的距离、悲伤的距离、家的距离、友情的距离……可以发散出很多，对如何写好微童话的总结也很准确。

但把主角和场景都换了之后，他们就又开始脱离，开始单飞，没办法把方法用起来。要做到“授之以渔”是一件很难的事。巧妙的构思是天生的，还是后天造就的？孩子自然流露的故事很多其实都不够好，很无趣，引导的方法还是要再改进。【正如生活中并不缺少美，而是缺少发现美的眼睛。发现并捕捉到了那么一点灵感，微童话就有意思起来了。不着急，学生进行的是写作训练，低段学生能做到文通字顺已经很好了。】

在对话交流的时候，学生也会有一些很好的想法，但是产生想法很容易，变成文字很难，本来很好的想法，写下来反而平庸了，文字功力很弱。本来觉得写字数少的微童话应该更简单，但实际是从微童话中找到佳作比在平时单元习作中找出好的文章更难。接下来，改进引导方式应该是第一步。

学生习作

没关系，没关系

文/周熙真

从前有一只胖胖的小猪，因为太胖而被大家嘲笑，它坐在海边的礁石上哭泣。

这时，一只招潮蟹爬上了礁石，奇怪地问：“小猪，你为什么哭？”

“因为我太胖了，所以大家都喜欢嘲笑我。”小猪呜咽着。

招潮蟹抬起两只手，说：“小猪，你看。”

小猪回过头来一看：“啊，你怎么一只手大，一只手小。”

“我不因为我的小手感到自卑，而是为我的大手感到骄傲。”

小猪摸了摸肚子，笑了。

招潮蟹的冒险

文/余悠扬

小招潮蟹生来爱冒险。一天，它来到沙滩上，登上贝壳小船就出发了。

它发现了一座小岛，“这儿真美，我一定要带朋友们来。”

一批又一批的朋友坐上了招潮蟹的小船。它划船的左手变得又粗又壮，变得和身体不对称，但只要朋友说想去，它就乐意继续划船。

想念的距离

文/王杭锐

海滩上住着一只小招潮蟹和一只老招潮蟹。

一个海水奇多的五月，海水像猎豹一样扑到海岸线上，老招潮蟹被卷走了。

小招潮蟹自己留在了海岸上，它一直认为老招潮蟹就在大海的另一边。每次有海鸟飞过，它都要问："你们看到过一只跟我一样，左手比右手大的招潮蟹吗？"

大海的距离，就是想念的距离。

莫看江面平如镜

文/王铉奥

从前有只招潮蟹走在路上，突然它的眼前落下了一块大石头，石头的正下方是一只小松鼠。

它一个箭步把松鼠推到了旁边，小松鼠毫发无伤，可它的钳子却被压肿了。

神知道了这件事，把招潮蟹受伤的钳子变成了金色的。

让我的预设溃不成军

授课:张青青(浙江省杭州市余杭区安吉路良渚实验学校)

一年级微童话课

课堂实录

一、感受大与小

1. 回顾前两次的主人公,感受小。

师:小朋友们,还记得我们前两次写的主人公吗?

生:飞蛾、蜈蚣和小蜗牛。

师:没错,它们都是我们身边的小伙伴。今天我们来走进它们的世界。闭上眼睛,想象一下,青青老师骑在一只蜜蜂身上飞行。想一起来吗?首先把自己变得很小很小,小到能坐在蜜蜂的身上。准备好了吗?我们出发咯。我到了向日葵广场,你到哪儿了?【引得巧妙。】

生1:我到了桃花城堡。

生2:我到了油菜花森林。

师:我们变得像蚂蚁一样小了,周围的花草树木变得那么高大,【视角变化。】好像变成了拇指姑娘、拇指兄弟呢。【经典印象。】青青老师继续施魔法,把蜜蜂变得很大很大,像是游乐场的蜜蜂飞船,两个小朋友可以一起坐上去玩。再大一点,全班的小朋友都可以坐上去玩。还记得春游的时候,男生女生比赛,坐在什么上面?【结合生活。】

生:毛毛虫。

师:一条超大的毛毛虫啊!看来大小一变化,故事里的世界就发生了变化。就像我讲“远方”那样——对人来说,一百米远吗?

生:不远。

师:但对一只蚂蚁来说,那真是万水千山。

生:比一个操场还大。

师:好像蚂蚁的马拉松一样。

2. 看图想象大。

师:你看到了什么?(幻灯片出示图片。)

生1:两只蚂蚱。

生2:一朵花。

师:哪个大?

生:花很大。

师:在蚂蚱眼里花是什么?

生1:霸王花。

生2:食人花。

生3:是一个世界。

师:好美,花的世界。

生4:花的城堡。

生5:花是它的凉伞。

生6:花是两只蚂蚱比赛的跑道。

师:你们的想法真有趣。图中的兰花、蚂蚱,到底有多大?由你想,你想多大就有多大,你想多小就有多小。有一位大哥哥,他想给你们讲这朵兰花的故事。想听的小朋友,给我发送准备好的信号。(学生纷纷举手。)估计这里面的兰花很大很大,它可是笼罩了整个村庄的。

> 大雨袭击了昆虫村。
>
> 当洪水退去,蚂蚱从昏迷中醒来,绝望中,闻到一缕熟悉的花香……
>
> 兰花是村庄的守护者。白天,用绿荫笼罩村庄;夜晚,以花香呵护熟睡的村民;现在,它正不断散发香味。
>
> 蚂蚱循着花香蹦跳……"咕咕""呱呱""嘎嘎"……路边草丛里蹦出一个个身影。花香渐浓,大家都赶在回家路上!

师:写得好吗?大哥哥用了100多个字,讲了一个村庄的故事。故事还有一个好听的名字"花香指引"。原来花是昆虫们的导航仪。古人说一花一世界,一朵花里就有一个世界,连小蜗牛的触角上还有两个小人国呢,想去见识一下吗?

生:哇,想!

二、故事引导

师:有一只蜗牛,它的左角上有一个国家,叫作触国;它的右角上也有一个国家,叫作蛮国。这两个国家,为了抢土地,经常要打架,死了很多人,血流成河;追击过去,至少要半个月。我们见到的蜗牛的两个触角之间的距离有多大?

（生纷纷用手比画。）

师：故事里的蜗牛两个触角间的距离有多大？

（生张开手臂比画。）

生1：和操场一样大。

生2：和去永旺一样远。

生3：不对，不对。太近了。

生4：到美国一样远。

师：哇，那这只蜗牛多大呀？地球还装得下它吗？故事里的蜗牛在作者的脑子里，放得很大很大，这就是童话的神奇魔法。

生：也可以缩得很小很小。

师：对，一种是放大术，一种是缩小术。【这样的名字方便记忆与理解。】有个人放大术用得很好，他也有个有趣的故事。故事中说，曾经有个航海人在海中发现一片陆地，上面的树木长得非常茂盛。于是，他靠岸停船，登上陆地，在水边烧火煮饭吃。可饭刚煮了一半，他发现树木慢慢沉到水里去了。他害怕啊，急忙割断缆绳，跳上船，离开了。当他回头仔细看时，哪里是片陆地呀，是一只螃蟹呢！他使了什么魔法？

生：把螃蟹变得很大很大。

师：这种魔法让世界变得不一样了呢，变得更好玩了。你想来玩一下这种魔法吗？

生：想！

三、确定大与小，进行创作

师：我们可以挥动魔法棒，把这只螃蟹变大。变变变！也可以挥动魔法棒，小小小。能来说说你的故事吗？

生1：有本子这么大的螃蟹。

生2：比海洋还大的螃蟹。

师：那它生活在哪里啊？

生2：它的不同的脚，放在不同的地区。

师：看来天地是它撑起来的呢！

生3：变得比蚂蚁还小。

师：那它怎么生活？它家在哪里？

生4：跟你的纽扣洞一样小。

（生指了指我衬衫的纽扣。）

师：那我这个纽扣里趴着四只螃蟹，住着螃蟹一家呢。我脱衣服的时候，就像地震了一样。有创意的魔法！

生5：像学校一样大。

师：那我们是不是住在螃蟹里面。我们学校可以改名咯。

生6：像卫生间里的细菌一样大。

师：你这个魔法太厉害了，我们肉眼已经看不见螃蟹了。你们的魔法快要收不住啦，快快写下来，别让魔法消失。

教学反思

第三次微童话教学，自以为能轻车熟路了，但学生们还是给了我太多的可能性，让我的预设溃不成军。也怪自己功课没做到位，备课时没考虑到学生的特点。他们就无边无际地想，发散出去之后，以自身的功力，难以收回。怎么收网，仍需思考探索。【追问就是收，故事追问完整了，就收回来了。】可喜的是，孩子们很喜欢上微童话的课，每每都迫不及待，催促我评改他们的作品。课标中第一学段的孩子要达成的目标：对写话有兴趣，留心周围事物，写自己想说的话，写想象中的事物。——很高兴看到他们，快乐地走进写作的大门。

本次课还有一点需要加以改进，那就是忘记提醒孩子们说出螃蟹的特点。小朋友生活经历少，对事物的印象不深刻，只有少部分的孩子能结合螃蟹的特点，进行创作。是否下次写作时，能将事物带进课堂，或是设计环节体验，还需与前辈们探讨交流。

学生习作

小螃蟹

文/徐思若

从前，有一个小女孩去海岛游玩。刚上岛，就被夹了一下。她看了一下四周没人！她想，没人也没东西，只有沙子？她就用放大镜照了照，看见有九百只……螃蟹！它们非常非常小，她不敢招惹，马上逃跑了。

最多两次

文/郑靖琪

这里有一只比蓝鲸还要大的螃蟹。蓝鲸说:“我可以骑你吗?”螃蟹说:“当然可以啦。”蓝鲸骑过一次后,说:“再来,再来!”螃蟹说:“好吧。”蓝鲸说:“耶耶!”于是蓝鲸又坐到螃蟹的背上。蓝鲸从螃蟹背上下来时,它还想再坐一次,螃蟹说:“不行了,因为你最多能坐两次。”

下沉的小岛

文/闻学琪

有一天,有一家人要去一座小岛上游玩,他们乘着船去那座小岛。他们划呀划呀,终于到了他们要去的小岛了。他们走到小岛上,马上搭了一个帐篷。他们放了很多灯泡,到了晚上他们住在帐篷里睡着了。第二天,小岛在往下沉,他们马上到了船上开始划船。他们回头一看,原来是一只大螃蟹呀。

地震了

文/闻学琪

从前,有只巨大的苹果,里面居住了数百万只虫子,有蚂蚁,有蜘蛛,有螳螂,有独角仙……它们每天都过得很快乐。过了几个月发生了地震。一次又一次,外面的景象也是有变化,虫子们觉得太奇怪了,所以就搬家了。它们往外一瞧,原来是只大螃蟹。

搬家

文/贾煜宸

从前,有一只很小很小的螃蟹,那只螃蟹住在学校的操场上。每次小朋友们踢足球的时候那只螃蟹就觉得陨石来了,有一个小朋友还以为这是一只蚂蚁。螃蟹准备搬家,那一家的螃蟹骑上蚂蚁车到飞机场去坐蜜蜂飞机,蜜蜂飞机把螃蟹送到了一片树叶上,螃蟹就把家安在了树叶上。螃蟹就这样一直住在树叶上,每天都很安全。

我还能接下去

授课:陆雅萍(江西省新余市新钢第一小学)

二年级微童话课

课堂实录

师:同学们,你们听过微童话吗?

生:没听过,不明白。(学生们很茫然。)

师:你们听过童话故事吗?(板书:童话。)

生:听过。(学生们炸开了锅,七嘴八舌地说着自己听过、看过的童话,有《白雪公主》《灰姑娘》……)

师:大家听过的童话故事都是长的、高个子的,(板书:微。)那么微童话就是短的、小个子的童话故事。今天,我们就来学习编写微童话。

生:(学生们个个瞪大了眼睛。)啊!怎么编呀?写什么呀?

师:看图写,发挥你的想象来编故事,有200字左右就可以了。我们一起来试一试好吗?

生:好!

(事先准备出示课件"兰花开花"。但因电教设备无法用,只好在黑板上画了一棵草和两只蚂蚱。)

生:一棵草,两只蚂蚱,怎么可能编出200个字呀?

师:两只蚂蚱来到了一棵小草下躲猫猫,小草碧绿碧绿的,和它们身上的衣服一样,它俩躲来藏去玩得很开心。快到吃饭时间了,一只蚂蚱说:"我们给小草姑娘戴朵花,留个记号,下午再来玩。"另一只蚂蚱说:"好啊!"于是,它们给小草带上了一朵小红花。(在小草上画了一朵红花。)

生:我还能接下去。

师:你说。

生:小草姑娘说:"谢谢你们!有了这朵小红花,我变得更漂亮了。"(师带头鼓掌,全班响起掌声。)

生:我也能编。两只小蚂蚱谈恋爱,准备要结婚了,它们想选一处风景优美的地方举办婚礼。它们找啊找啊,看见这棵小草碧绿碧绿的,决定在这儿举办婚礼。

师:真浪漫。我们还可以有很多种想象。比如:蚂蚱要过水坑,抬一棵草去做桥。

生:……(各种新鲜的答案,童真童趣,童言无忌。)

师:刚才同学们编得都很好!我们给自己鼓鼓掌,好不好?

生:好!(师带头鼓掌,全班响起掌声。)

师:给自己鼓掌,就是给自己加油。加过油之后,我们要做一个挑战!

生:什么挑战?(学生呈现好奇、兴奋状。)

师:挑战就是——今天回家之后,看图片,编写一个微童话。

生:图片呢?

师:图片(两盆绿萝,一盆黄,一盆绿),老师会发在我们班家长微信群里,你们看过图片之后,先想一想,然后再写下来。实在写不来,不写也不要紧,我们慢慢学,好不好?

生:好!

学生习作

秋天来了

文/刘子杨

秋天来了,天气一天一天变冷了。这天早上,两盆绿萝在干净的阳台上一起看着窗外,外面的树叶都黄了。左边的绿萝看着窗外,再看看右边的绿萝,说:"秋天来了,我要准备过冬了。"右边的绿萝也看了一下窗外,心想:"只要能多坚持一天,我都要绿下去。"

两盆绿萝

文/张子昭

主人养了两盆绿萝,它们长得很茂盛。突然有一天,一盆绿萝的叶子黄了,花茎失去了光泽,显得无精打采。生病的那盆绿萝有气无力地说:"我没有力气生长了。"另一盆绿萝说:"请你鼓起勇气,努力生长。"在主人的精心照顾下,绿萝又冒出了许多嫩芽，你看，它正在阳光下对着你微笑呢！

绿萝

文/陈鹏飞

清晨，阳光照射在窗台上。窗台上的小丽和小美正在说话。小丽说："你的头发怎么变黄了，生病了吗？"小美说："是啊！主人不给我晒太阳，不给我喝水，整天忙着玩电脑、上班、看微信，新房子里的空气又不好，所以我才生病了。"小丽说："我也有点咳嗽。"它俩静静地看着窗外，好像在回忆着以前的美好时光！

绿萝姐妹

文/黄易晨

绿萝姐姐和绿萝妹妹每天站在窗前，看着窗外的人们忙忙碌碌地来来去去，日子一天天过去。有一天，绿萝妹妹发现绿萝姐姐的叶子变黄了。绿萝妹妹着急地问："姐姐，您的叶子怎么变黄了？是生病了吗？"姐姐说："妹妹，你不要着急，我没生病，只是我很久没有喝水了，只要给我喝点水，我的叶子就又能变绿了。"然后绿萝姐姐喝了点水，它的叶子果然变绿了。它们又每天开开心心地看着窗外的人们。

主编有话说

这四篇微童话，都抓住了图片的特点：一盆绿萝绿，一盆绿萝黄。我个人更喜欢第一篇，写得不啰唆、自然、点到即止。他还注意到了窗外的秋天，并有机地融在其中，把图片元素运用得更充分些，而且立意其中，尽管有点正。

绿萝为什么叶黄？四位同学有自己的答案：要过冬了，没有力气了，生病了，很久没喝水了。这个答案，是写微童话的关键点，即同学的观点。

第一步，发现图片的特点。

第二步，提出问题。

第三步，给出答案。

按这三步走，是看图构思微童话的技巧和方法。老师在教学过程中，要让孩子发现特点，然后引导性地提问，这些都是很重要的。多多练习，就能做到熟能生巧。如卖油翁所说：无他，唯手熟尔！

下面这篇微童话《提心吊胆》，是我写的，有寓言味儿。

> 窗台上摆着两盆绿萝，一盆健康，叶儿油绿，一盆病了，叶儿蔫黄。叶绿的说："老兄，我们是常绿植物，你怎么黄了，是不是病了？"叶黄的说：

"老弟,你看看窗外,秋天到了,叶儿本来就要黄的。"叶绿的一看,果然,满大街梧桐叶都黄了,它紧张起来:"难道是我病了?"终于,它真的病了,叶儿也黄了,但是,它却高兴起来:"咳,提心吊胆的日子总算过去了。"

看图写微童话,是挺好的方式,首先解决了孩子没什么东西好写的问题。其次,空间很大,打开想象,不限制孩子的思维。如果再有余力,把想象与现实结合起来,把人性与物性结合起来,那就厉害了。

同一张图片,注意其中的不同元素,再构思,可以有很多不同的想法。每一个想法,都可以编出故事。

◆◆◆

早上,陆雅萍老师发来课堂实录,说是第一次写,写得不够好。我觉得写得挺好的。有些问题,不是好跟坏的问题,而是有跟无的问题。写下来了,至少可当记录。有记录,再有回顾,就会在比较中进步,这就很好了呀!

在陆老师的课堂实录中,有三处,我想谈谈:

一是,因电教设备无法使用,而在黑板上画了简单的图。这是很实在的解决办法。低段学生写作应该是具象的,因为他们的思维偏形象。有图片,就能有的放矢。但对写作训练而言,应该从具象走向抽象。刚开始给学生看的是图,然后编写微童话,等操作熟练之后,直接出题即可,比如:蚂蚁、苍蝇。这两个词写在黑板上,学生的脑子里自然会有画面,这画面即图片——写作就是把脑子里的画面翻译成文字,就像导演拍电影,在开拍之前,电影的每一个镜头都已经在他的脑子里了。刚开始看的图,是单图,而图片背后的故事一定比图片更精彩,由此一张单图,就会变成连续的图,镜头就出来了。由童话入手,从具象到抽象,从单图到连续的图(视频),那么写人、写事这样的作文,不就没问题了?

二是,估计依然有部分电教设备的原因,所以陆老师把图发到了家长微信群。这是很好的做法!学生的教育,不能全靠老师,只听老师话、不听家长话的孩子,我觉得是教育的失败。以看图写话为抓手,让家长参与进来,也算多一个亲子互动的机会。童话,是0到99岁都可看的。在生活中,我们就保留一点童心,想想看,当了爸爸妈妈之后,哪怕在黑夜里,我们也在低头赶路,多久没有抬头看天上的星星了?陆老师在课后记说"有的完全是大人的口气"——我想,这里面有大人的功劳。这也是很好的啊,有时候不能以作文本身的好坏去论一篇作文,特别是在父母参与的情况下,过程远比结果重要——当然,这需要父母摆正心态。

三是,陆老师说"实在写不来,不写也不要紧,我们慢慢学"。这太好了啊!写作,不可拔苗的。一粒种子埋在土里,只要环境合适,它就有发芽的时间,开花的时间,结果的时间。有的在春天,有的在秋天,有的在冬天。孩子也是这样的,他也是一颗种子,早晚他会花开结果的,父母需要一些等待。等待时,是不能心急的,一心急,可能孩子的兴趣就没了,甚至反感了。兴趣是好老师,只要能激发孩子的兴趣,他们就会不知疲倦地去钻研。

当然,父母不“拔苗”,但要“助长”,第二点中谈到的参与就是助长的一种方式。童年不能一味快乐,偶尔吃吃辣椒,也是应该的。只有吃过,他才知道辣椒是什么味。

◆◆◆

昨日,福建的黄浩生老师读了这四篇二年级学生写的微童话之后,发来一大段话。他表示很赞赏!并给出了一点理论作支持。

1. 低段的教师具有“低年级也有作文教学任务”的意识,是首要的。

2. 低段的作文教学,其主要途径(形式)就是先说后写“片段”,现在时髦一点叫“微作文”也行,也不错。

3. 小孩子不可能凭空去写啊,而且他们的思维还是以“形象思维”为主的啊,所以就给了“图”。本文可赞之处在于:它不同于过去纯粹的“看图说话”——看到什么,说(写)什么,而是鼓励有创意。

这“创意”有什么意义呢?有两点:

从个体说,是他自己积极思考的过程;如果是单纯的“看到什么,说(写)什么”,那他的思维是被动的,被图支配着。这二者,有质的差别。

从社会说,我们国家已十分重视“创新(创意)”教育,重视科技的“创新(创意)”。为什么呢?当今世界,竞争激烈。说“竞争”,你说其实质就是“国力”的竞争,也可以;说就是“科技”的竞争,也可以;说就是“教育的竞争”,也可以;说是“创新”的竞争,最可以!你看,全国各地都设有“创意园区”,就是为创意者服务的。

“创意”的意识,得从小学抓起,从低年级抓起。意义于此可见。

附言:创意的过程,就是创造性思维的过程;本文所涉及的“发散性思维”即是它的一种形式,见“兰花开花”一例。

4. 请记住,对小学生来说,只要是他自己想的、说的、写的都属于原创,教师不可轻易否定。

5. 如果孩子一时“创意”的思路闭塞,不知从何入手,教师应适时提供最有童趣的“范例”——这要写进教案,以备不时之需。

谢谢陆老师!好的教学方式方法,必须容易被人理解;必须接地气,不求高大上;必须容易操作;最重要的是必须对学生有用。

黄浩生　拙见

第四技 No.4

微童话教学角度四：倒着编

出题人：陆生作

这一次学习技法：倒着编。可以从以下几个方面着手准备。

1. 低段学生，不强求立意，以学会“倒着编”的“三步走”为第一任务。

2. 高段学生要适当思考微童话的立意。

3. 查找资料，看民间故事《鱼为什么没有脚》。

4. 阅读《大象的鼻子是怎么变长的》。

5. 阅读《微童话的民间故事套路》（见本书附录）。

先来看何好雯同学的微童话《大象的鼻子》。

> 一天，大象妈妈带着小象去河边喝水。一只凶猛的鳄鱼在水下埋伏着。大象妈妈刚把它的鼻子伸进河里，那只鳄鱼突然跃出水面，死死咬住大象妈妈的鼻子不放。小象吓得躲在大象妈妈的屁股后面。大象妈妈忍着疼把鼻子往后扯，慢慢地，大象妈妈的鼻子越来越长，“嘭”的一声，鼻子远远地弹回来，无法还原了。

何同学编的这篇微童话，用了“倒着编”的方法。

第一步：发现大象的特点——鼻子长（发现特点）。

第二步：假设在很久以前大象的鼻子是短的（假设）。

第三步：大象的鼻子由短变长了，是怎么变长的？这里肯定发生了一个故事。是一个怎样的故事呢？何同学说，鼻子是被鳄鱼拉长的（故事情节）。

第四步：有了前面三步构思，这一步顺着就把故事写下来了（写）。

总结起来，就是“倒着编、顺着讲”，这个方法超好用的。

大象的鼻子被鳄鱼拉长，只是一个答案。我们还可以找到好多个大象鼻子变长的原因，比如是被大象拉长的，是被老虎拉长的，是被一个猎人拉长的，等等。

“被鳄鱼拉长”这个答案，还能编出不同的故事情节。何同学编的是鳄鱼要吃大象，大象为了自救，才把鼻子拉长了。这当然是一个惊险的故事。但是，读者读过之后，会思考什么呢？我想，除了告诫大象喝水时要小心一点外，几乎不会留下什么深刻的印象。而这种危险是防不胜防的，鳄鱼狡猾啊，所以对大象来说这似乎也没什么作用。只是说，发生了这样一件事而已，对读者没什么益处。也可能是我理解太浅了。

写作，讲究"文以载道"。

怎么让鼻子的拉长变得有意义一些呢？比如，鳄鱼在潜水，被河底的水草、破渔网缠住，快要憋死了。它好不容易露出头来，喊救命。大象恰巧来喝水，让鳄鱼咬住它的鼻子，把它拉上来。小象也在后边帮忙拉。终于，鳄鱼救上来了，但大象的鼻子拉长了，缩不回去了。——从帮鳄鱼这个角度去想象，鼻子由此而拉长，对读者更有益一些吧？

同样是鼻子被拉长，一是为自救而拉长，最多夸一句大象厉害的，或大象运气的；二是为帮鳄鱼而拉长，立意其中，"寓言"其中，载道其中。两者往不同方向发展了。道不同，自然境界也不同。

当然，不一定非要正面的形象，反面教材也可。比如乌鸦，它借了黑袍子不还，结果脱不下来了，变成了耻辱的标志。大象的鼻子是不是也能往这个方向去构思呢？当然也是可以的。

单就"大象鼻子是被鳄鱼拉长的"这个答案，就能编出几个不同的微童话。那么，"大象鼻子是被拉长的"，自然能编出更多的微童话。而"大象鼻子是变长的"这个答案，比前面两个答案圈下了更大的范围，当然也就能编出更多微童话。比如，"大象鼻子是接起来接长的"，这又是另外一种"长"法。总之，它们能形成一个庞大的故事群，只要有足够的想象。

最后，再说下"文以载道，立意为先"。小学高段的学生，或低段基础较好的学生，可以先立意，再去构思故事，分三步走。

第一步：想好立什么意，也就是说你为什么要编这个故事，你想告诉读者什么东西？是诚信、母爱、教训，还是其他？

第二步：什么故事能"证明"你的立意呢？比如，什么事情能证明母爱呢？什么事情能突显诚信呢？一定要记住"证明"这两个字，这是故事的构思，也是思维的逻辑。

第三步：把故事讲出来，把立意藏在其中。

或者，先有一个好玩的故事情节，在写的时候，往立意上靠一靠。对写作来说，编一个好故事，才是最重要的。好故事，总能给人留下深刻印象，让人思考，比如《去年的树》《失落的一角》等。

这是本次上课用图,上课时可以借鉴以下的步骤展开。

第一步:找到青蛙的特点。

第二步:假设以前没有这个特点。

第三步:编故事。之前学过的技法都可以适当运用。

第四步:写微童话。前面三步是构思微童话,这一步顺着构思把微童话写下来,微童话就这么编出来了。

根据青蛙的特点提“为什么”。比如:青蛙肚皮为什么白?青蛙为什么绿背?青蛙眼珠为什么突出?青蛙舌头为什么那么长那么黏?青蛙小时候为什么在水里?青蛙为什么在稻田里捉害虫?青蛙为什么能用皮肤呼吸?青蛙为什么跟蝌蚪长得不一样?青蛙为什么爱在水塘里?青蛙为什么要冬眠?……

每一个“为什么”,都可以给出很多个不同的答案,每一个答案都是一个故事。倒着编故事,本质上是“因为所以”的类型。因为发生了一件事情,所以它才有了这个特点。“因为所以”是一种逻辑、推断。

以下是这次上课的四篇参考微童话,从中感受“倒着编”的“从无到有”或“从有到无”。

青蛙为什么是绿的

文/陆生作

“不要跳进那个大缸去哦!”蛙妈妈总是这么交代它。越是这样,小蛙越想进去看看。那是一个很大很大的缸,缸的外面五颜六色,像彩虹一样漂亮。它的里面会是什么呢?只有进去看了才知道啊。可是,小蛙又想起妈妈的话,妈妈小时候有个伙伴就是因为好奇,跳到大缸上,滑进去淹死了。尽管如此,小蛙还是没忍住。趁妈妈不在家,它一蹦就上了染缸,结果掉进去了——里面是绿色的颜料,小蛙被染成了绿色。幸好里面还有一块木板，不然它非淹死不可。这一回，小蛙终于体会到了什么是“不听老人言，吃亏在眼前”。它整天泡在水塘里，想把绿色洗去，可是再也洗不去了。它成了第一只青蛙，绿色是它的记号，时刻提醒着他。

蛇藏脚

文/胡林涛

从前，蛇都有四只脚。

有一天，玩捉迷藏时，蛇的一只脚露了出来，被小兔子发现了。蛇很生气，拔掉了那只闯祸的脚，藏了起来。蛇和小兔子还成了敌人。三只脚走路不方便，于是蛇又藏起一只脚。

几个月后，两只脚的蛇去爬山，结果，一只脚卡在石头缝里了。蛇只好拔掉了那只被卡住的脚，藏了起来。当然，另一只脚也被藏起来，看不见了。

从此以后，蛇就没有脚了，肚皮贴地走路。路上的石子把它的肚皮划出了一道道痕，久而久之，肚皮上就有了鳞片。

一棵不肯开花的树

文/王骏磊

从前，有一棵树，它有一个好朋友——箭毒树。

春天，箭毒树开出又大又美丽的花朵，许多动物看见了，都想尝一尝。一个大胆的猴子尝了尝，大叫：“太好吃了！”许多动物见没事，都壮起胆子尝了尝，确实很美味。

可过了两个月，每一个吃过箭毒树花的动物，都口吐白沫死去了。

那棵树不忍心见到动物们死去，便一朵花也不愿意开，生怕动物们吃了之后，与吃了箭毒树花一样。

一年过去了，那棵树还是一花不开。最后，它死去了。可是它用自己的承诺和生命换来了更多动物朋友的命，因为，它也是箭毒树。

石墙壁画

文/曾好

一个原始人站在壁画前，壁画上画着他和他朋友的故事。

那是一个雷雨过后的晚上，原始人看见了点点亮光，他好奇地走过去，那里有一个橘红色的东西在跳跃。多有趣的小动物啊，原始人好奇地碰了碰它，顿时疼得大叫起来。可是，待在它身边，原始人觉得很暖和。原始人在它旁边搭了帐篷住下了，并给了它一个名字“火”。

几天过去了，原始人见火还没吃过东西，担心它饿坏了，便拿了木棍叉着肉，塞进火的身体里。过了一会儿，传来一阵扑鼻的香味，是从火身体里的肉上发出来的。原始人吃了肉，觉得十分香嫩。他想：火吃过的肉，味道会变得很美味。从此，他更喜欢火了。

一个大雨天，原始人发现火淋了雨越缩越小，十分担心它死去，但又无能为力。这时，火碰到了边上的干草，又旺了起来。原始人明白了，火不爱喝水，喜欢吃干草。他把照顾火的方法告诉了族人。族人们有了温暖，有了美味的食物，都很感谢这个原始人和他的火，便把他们的故事画在了壁画上。

童话写作模式"因为所以"

授课:方志明(浙江省杭州市下沙第二小学)

四年级微童话课

课堂实录

一、听故事,激趣导入

师:孩子们!今天我们相聚在一起,重温大家最喜欢的微童话,让我们先来听一则故事《鱼为什么没有脚》。(板书:鱼字的繁体字"魚"。)你听到了哪些你感兴趣的内容?

生 1:知道了鱼没有脚的原因。

生 2:知道了"鱼"字繁体字的写法。

生 3:知道了里面的女娲,了解了鱼的品质。

师:是啊,今天我们知道了鱼为什么没有脚。写微童话注重发现故事中人物的特点,鱼没有脚就是它的特点,孩子们听得很认真。接下去,我们来欣赏一则微童话《大象的鼻子》。

> 一天,大象妈妈带着小象去河边喝水。一只凶猛的鳄鱼在水下埋伏着。大象妈妈刚把它的鼻子伸进河里,那只鳄鱼突然跃出水面,死死咬住大象妈妈的鼻子不放。小象吓得躲在大象妈妈的屁股后面。大象妈妈忍着疼把鼻子往后扯,慢慢地,大象妈妈的鼻子越来越长,"嘭"的一声,鼻子远远地弹回来,无法还原了。(文/何妤雯)

(生不停地笑。)

师:你为什么这么开心?

生:今天终于明白大象鼻子为什么这么长了。

师:你们都在问"为什么"。是的,这就是我们今天要学的微童话的另一个技法——倒编法。

二、分享“倒着编”的方法

师：第一步，要发现大象的特点——鼻子长。第二步，假设在很久以前大象的鼻子是短的。第三步，大象的鼻子变长了，是怎么变长的，这里肯定发生了一个故事，是怎样的一个故事，这篇微童话里说鼻子是被鳄鱼拉长的。前面三步是倒着构思，第四步是顺着写下来，童话就这样编出来了。

生：感觉有点知道了。

师：鼻子被鳄鱼拉长，只有这一种情况吗？你还有什么好的假设？

生：两只大象用鼻子拔河，谁也不让谁，结果鼻子就变长了。【学生一点就通，他们比成人更接近童话世界。】

师：好想法。

生：也可能是跟蛇比长短比出来的。

师：真有想法。老师为你点赞。

生：还有可能是被狮子拔出来的。

师：同学们的假设很有震撼力，我想，这则故事要是由你们来写，肯定也会很精彩。那么我们是不是可以让大象的鼻子更有意义点？是否可以让大象救鳄鱼，才使鼻子变长的呢？【这是课堂的一个转弯，需要老师的引导。】

生：嗯，有一天，鳄鱼在岸上回不了水中，大象用鼻子拉呀拉，结果，鼻子变长了。

生：也可能是帮助熊爸爸搬运蜂蜜，被马蜂蜇得变长了。

师：是的，大家的想象都有道理。我们还可以想象大象的鼻子是如何变长的，这就有很多故事了。比如：大象的鼻子是接起来，接长的。这需要你们的丰富想象力。今天老师还想讲一个关于写作方面的知识——立意。

第一步：想好什么立意，也就是说你为什么要编这个故事，你想告诉读者什么？是诚信、母爱、教训，还是其他？

第二步：什么故事能够证明你的立意？

第三步：把故事讲出来，把立意藏在其中。

（生有点茫然。）

师：比如，大象的鼻子是因为救鳄鱼才变成现在这样的，那么我们的立意就是善良。你选好自己的立意了吗？当然，你也可以不用“立意”，把童话写完整就可以了。

三、出示写作内容

（出示青蛙图片。）

师:你们看到了什么?

生:(高声喊道)青蛙。

师:你会学着老师那样问问题吗?

生:它有什么特点?

生:它有迷彩服。

生:西瓜服。

师:你可以做个什么假设?

生:它以前是白色皮肤。

师:然后发生了什么故事,所以变成现在这样的?

生:有一天,它被人嘲笑,于是想用油漆把自己涂成五颜六色的,结果就成现在这样子了。【这里面其实也有立意。】

师:可不可以加点立意?比如说,它因为乐于助人而变成这样子的。

生:有一天,一只鸟不小心掉进油漆桶,青蛙跳进去救它,结果桶太深,它在里面待的时间太长,就染上了这种颜色。

师:不错的想法哦。还有吗?

生:因为它偷吃了西瓜,所以变成现在的西瓜皮肤。【有意思!】

师:为什么偷吃西瓜呢?

生:它的孩子太渴了,所以跳进农田里,偷吃了西瓜,就变成现在这种皮肤了。

师:"因为所以",我们看到了现在青蛙的皮肤,做了个很好的假设,把原因写清楚了,故事也就出来了。

师:孩子们,你们已经分析出了今天的写作技法。

师:还有其他的特点吗?

生:青蛙要冬眠。

师:你做了什么假设?

生:以前青蛙是不冬眠的,但它没有梦,没有看见过自己的爸爸妈妈。【这个答案太棒了,"它没有梦"!】

师:于是——

生:它渴望有好梦,能够在梦中梦见自己的爸爸妈妈,就请催眠大师乌龟给催眠一下。后来每到冬季的时候,青蛙就会进入冬眠,因为那个时候它就可以看见自己的父母了。

师:很温暖,很有创意的想法。大家还发现了青蛙的哪些特点?

生:青蛙的嘴巴两侧会鼓起来。

师:做个假设。

生:以前是不鼓的。

师:因为什么?

生:它以前不会发声的,但它有成为音乐家的梦想,每天都在不停地练习,所以变成这样了。

师:孩子们的想法不错。那我们来看看青蛙其他的特点。

四、出示其他特点

师:你们还有其他发现吗?

生:青蛙肚皮为什么白?

生:青蛙舌头为什么那么长,那么黏?

生:青蛙为什么在水里?

生:青蛙为什么要在稻田里捉害虫?

生:青蛙为什么能用皮肤呼吸?

生:青蛙为什么跟蝌蚪长得不一样?

生:青蛙为什么爱在水塘中?

……

师:每一个为什么,都可以给出一个不同的答案,每个答案就是一个故事。就是因为和所以。

五、学生创作

(略。)

教学反思

能自我追问,初步掌握写作技法。通过四次微童话教学,学生基本能掌握第一步发现特点,通过自我追问,最后能够创造出属于自己的微童话。

能同伴互相追问。整堂课,有一段是比较满意的,让学生自己根据主人公的特点,相互发起追问,效果较好。继续下去,学生的综合素养和逻辑思维能力会有很大的提高。

教学环节清晰,适合学生思维。看图,先发现特点,再进行假设,通过"因为所以"的关系就能把故事梗概了然于心,学生很擅长,故事也会很精彩。

课堂结构合理。先听故事,让学生初步感知"因为……所以……",然后通过大象鼻子的故事,深入了解"因为……所以……",接着出示本课主题,学生发现其特点,通过"因为……所以……"适当加点"立意",文章就水到渠成。学生没有写作的压力，有的是“因为……所以……”的想象。

想象广度不够，学生很容易落入别人的思维空间。比如说，青蛙的皮肤是油漆涂成的，很多学生就会跟风，没有自己的见解和想象，甚至连用水彩笔来涂鸦都未曾想到。

试着相互追问，但还需要引导。学生敢于表达自己的观点，但新意不够，相互追问的点没有找好，这需要在以后的教学中丰富，引导。

关于下水文，只有自己走“下水文”，课堂才会精彩，只有自己通过“因为所以”的想象，才能打开孩子们的想象空间。

总之，每次都有新尝试，相信孩子们的未来会很好。

学生习作

催眠曲

文/胡思琪

很久很久以前，青蛙是很不招人喜欢的，它每天去偷别人的东西，谁的东西丢了，那一定是青蛙偷的，动物们都讨厌它。于是，动物们想了个办法，让纺织娘晚上在青蛙的房间里唱催眠曲，等青蛙睡着了，就不会偷它们东西了。一天又一天，青蛙都在纺织娘的催眠曲下睡着了，时间久了青蛙就冬眠了。

青蛙的舌头

文/王一帆

有一天，青蛙在散步，看到松鼠在那里哭，它问：“松鼠弟弟，你怎么了？”松鼠说道：“这根树枝挡住了我的路！”青蛙见松鼠那么可怜，便用自己的舌头卷住树枝，使出九牛二虎之力才把树枝移到旁边去。可是，它的舌头变得很长，再也缩不回来了。

青蛙和害虫

文/宋依然

很久很久以前，害虫和青蛙是一对好朋友，天天在一起。它们有福同享，有难同当。

有一天，害虫对青蛙说："兄弟，我发现了一块稻田，我们一起去消灭它吧？"

"好，可今天太晚了，明天你来叫我，我们一起去。"

"一言为定！"两个好朋友拉了钩。

到了第二天，害虫后悔了，它想独吞这美味的稻田，就没有去叫青蛙。等青蛙醒来时，害虫已经吃得差不多了。

从此，青蛙再也不理害虫了，反而帮农民伯伯保护稻田，见到害虫就吃掉它！

青蛙染色

文/韩方琦

从前，青蛙满身都是白色，一点儿也不好看。有一个朋友告诉它，吃什么就会变成什么样子。于是，青蛙就拼命吃西瓜皮，想要变成彩色的。日复一日，年复一年，青蛙的颜色就跟西瓜一样了。

青蛙的舌头

文/任欢

青蛙的舌头又长又黏，可以捉小飞虫吃。可为什么它的舌头能又长又黏呢？

原来在很久以前，小青蛙的舌头又短又干。有一天，小青蛙去小兔子家玩，小兔子给它一颗麦芽糖吃。小青蛙吃着，麦芽糖太黏了，嘴张不开啦！于是它就找啄木鸟大夫，请求它把嘴里的麦芽糖取出来。啄木鸟答应了，叼着它的舌头拔呀拔。于是，小青蛙的舌头变得越来越长，而且非常有黏性。

写微童话的数学方法

授课:房璇(安徽省合肥市五一小学)

五年级微童话课

课堂实录

一、谈话导入

师:同学们,这学期我们已经上了三次童话作文课,今天我们将进行本学期的最后一次童话作文课。(詹李宸在下面大声欢呼:“耶,上童话作文了!”我随手在黑板上画了几个三角形后,示意同学们都安静坐好,在孩子们疑惑的眼神中,我开始了今天的课程。)

师:我知道最近你们数学课上正在学习三角形的知识。你们都知道,一个三角形里面最多只能有一个角是直角,这无疑是一个正确的结论。可是我们该怎么去证明这个事情呢?

生:三角形的内角和是180度,所以只能有一个直角,不然剩下的就不够了。

生:老师你看,如果有两个直角,那加一起就是180度,那就不对了啊!

(听到这里,我觉得已经达到了我的目的,他们自己已经找到了证明的方法。)

师:是啊。用你们自己对问题的理解去支持你前面得出的结论,这就是证明的过程。这种方法不光在数学中可以用,在写作文中也很好用。

(同学们表情各异,有的觉得不太靠谱,有的很期待。)

二、讨论语文证明的过程

师:这种数学的方法在语文中就叫“倒着编故事”。请大家看大屏幕。

(出示如何证明故事的步骤。)

第一步:寻找主人公的特征。(发现现有的特点)

第二步:假设事实原本不是这样的。(假设)

第三步:那为什么会变成现在这样呢?(情节)

第四步：顺着写下来，童话就这么编出来了。（写）

师：现在请同学们观察一下房老师，有什么明显的特点？

生：长头发。

生：近视眼。

生：不喜欢化妆。

……

（大家七嘴八舌，说得很开心。）

师：看来同学们平时还是很关心我的，一下子就找出了我身上的这么多特点。就说近视眼吧，这是你们刚刚在我身上发现的、可以当作一个需要我们去证明的结论。那现在我们需要假设什么呢？

生：老师你以前肯定不是近视眼。【好！换个说法，从时间上看，是“从现在到过去”。】

师：完全正确。曾经房老师也有一双明亮的眼睛。可问题出在哪里呢？现在大家可以构思情节了哦。

生：你肯定是喜欢玩手机。

生：不对。以前没有手机怎么玩，肯定是喜欢看电视。

师：说的有道理，以前确实很少有人玩手机。

生：老师你看电视的时候是不是都会离得很近。

师：确实，我有时是会站在电视机的旁边看。不过，老师发现你们说来说去都是从我不好好学习，只喜欢看电视的方面来说的。你们想想还有什么情况下也会近视呢？

生：我知道了，就跟郑智慧一样的，喜欢看课外书，天天看也会看成近视眼。（我看到郑智慧偷偷地向他瞪眼。）

师：对呀，这个角度很好。好好学习喜欢看书，可是没有注意用眼卫生，眼睛太疲劳了也会近视。发现了没有，这样近视就有了两种截然不同的可能：不好好学习贪玩造成的，努力学习太认真了造成的。大家觉得哪一种情况更能获得原谅呢？

生：（异口同声地说）肯定是好好学习的那一个啊！

师：是啊，这就涉及文章的立意了。记得之前大家写的童话，蜈蚣和飞蛾在决斗，螃蟹少了一只大螯是因为跟蟒蛇大战了一场。可是大家安排它们决斗的原因，不是为了抢地盘就是为了抢吃的……

生：还有的是为了抢玩具。（有同学忍不住插嘴。）

师：决斗本身并没有什么不好，可是大家能不能把眼光放远一点，让它们不仅仅是为了一点点的利益就大打出手。请大家听故事《鱼为什么没有脚》。

师:听了这个故事,你们觉得跟大家平时编的故事区别在哪里?

(可能问题有点抽象,大家一时陷入了沉默,有个别同学欲言又止。我意识到应该降低难度。)

师:鱼失去脚是为了谁获得好处?

生:是为了分开天地。

师:是为了鱼自己吗?显然不是。那你们笔下的螃蟹跟蟒蛇决斗是为了什么?

生:是为了抢一块肉。

生:为了抢地盘。

师:是啊,它们在决斗中获胜了好处就是自己的。一切行动都是为了自己获得利益,相比鱼为了大家献出自己的脚,这是不是有点小家子气呢?

(孩子都默默地给了我一个微笑。师出示PPT借机跟大家讲明"文以载道,立意为先"的道理。)

三、构思本节课的故事

(出示本课的青蛙图片。)

师:现在我们来看一看,青蛙身上都有哪些特点?

生:青蛙的皮是绿色的。

师:想一想,假设原本不是绿色的会怎样呢?

生:它以前不是绿色的,可是在草丛里吃蚊子的时候很容易被发现,就把自己变成绿色了。

师:很好的主意。能告诉我们它是用什么方法把自己变绿的吗?

(这个同学一时想不到,别的孩子开始为他出谋划策。)

生:它吃了很多草然后变绿了。

生:它在草地上一个劲地打滚儿,草的颜色就染到身上了。

师:还有同学想说一说青蛙别的特点吗?

生:它的舌头很长,因为它喜欢吃虫子。

师:喜欢吃虫子的动物很多,不是舌头都那么长啊!

生:青蛙是草丛里面的王,它很懒,都是等着别人送虫子来给它吃,可是它又不让别人进自己的家,所以舌头就越伸越长了。

师:老师看到了一只不仅懒还有洁癖的青蛙。相信大家的心里一定还有很多只与众不同的青蛙。时间不多了,谁再来说一说?

生:我觉得这就是那只坐井观天的青蛙。你看它因为老是往天上看,所以眼睛都长到上面去了。

师：现在请同学们拿出习题纸写下自己的故事。

教学反思

第三次课关于螃蟹的童话教学，课堂上很多问题没有讲清楚，以至于孩子们思维很局限，交上来的作品情节不是决斗就是打架，似乎是走进了一个死胡同。虽然之后又再一次抽空跟他们进行了补充讲解，可是既有的思维已经固化，起色不明显，煮成了一锅“夹生饭”。

这堂课，我在讲授陆生作老师的指导技法“倒着编故事”之外，还给自己加了一个打开学生思路的教学目标。所以，课程一开始，我首先以自己为什么会成为近视眼这个问题导入，启发孩子们明白一件事情，我们可以从正反两个方面来考虑。【倒着编的思维，其实就是“一对反义词”。】

接着，让孩子们听故事《鱼为什么没有脚》。在比较中让孩子们理解，同样是打架，为了自己的利益与为了大家的利益这也是有区别的。我期待以这样的方式让孩子们明白文章立意高远的重要性。

学生习作

青蛙的故事

文/吴婧婕

很久很久以前，青蛙是黑色的。虽然它很黑，舌头又短，但是也有许多好朋友，如蜻蜓、蜜蜂等。

青蛙的颜色很丑，它去找伟大的宙斯帮忙。来到宙斯的神庙，它上去说：“伟大的宙斯啊，你能不能把我的颜色变好看点，舌头也变长点？”宙斯说：“好啊，只要你帮一个动物的忙，我立马把你变成绿色，舌头也会长。”青蛙爽快地点了点头。

青蛙想了想，决定帮助大黑熊。它来到大黑熊的树洞，对大黑熊说：“你需不需要帮忙？”大黑熊说：“我现在有点饿，你给我捉一筐鱼吧。”听完，青蛙就去河边捉鱼，一条两条，渐渐地堆满一筐了，它背去给黑熊。黑熊说了声：“谢谢！”

小青蛙又去找宙斯，宙斯答应了，立马把它变得漂漂亮亮。从此，青蛙过上了幸福的日子。

关于青蛙颜色的故事

文/沈康平

在很久很久以前，地球上很缺少益虫，玉帝造出蛙类，派出金蛙——就是我们常说的箭毒蛙，玉帝以为有剧毒就能杀死蚊虫。可是，一到凡间，金蛙准备吃蚊虫的时候，蚊虫就飞走了。过了几天，金蛙还是捉不到蚊虫，都快饿死了，它急得向周边的小草问："为什么我总是捉不到虫子呢?"小草说："那是当然，你浑身都是金色的，很容易被虫子发现，要么换个颜色，可能会好一点。"于是，金蛙找到玉帝说："我要换身颜色，不然捉不到虫子。"玉帝思索片刻，手一指，把金蛙变成跟小草一样的颜色，并给它取名叫青蛙。它来凡间，再一次捉虫子，很快捉到了。

为什么青蛙的舌头那么长

文/詹李宸

为什么青蛙的舌头那么长呢？是天生的，还是有其他的原因？下面请大家来听听我的猜测吧！我觉得应该是它太懒了，这是为什么呢？应该是因为青蛙家族在当时是一个很高贵的家族，像蟾蜍、土田鸡这些蛙类都要听它的。

可是青蛙家族里只有一只雌性的青蛙，而且这只青蛙还特别懒，整天就像一个大家闺秀一样，大门不出，二门不迈。每次吃饭的时候也不出去，都是让别人送来的。可是呢，它有一个毛病，就是有洁癖，从来不让人进它的房间。它又不想动，但是又想吃东西，这可怎么办呀？它左想右想，最后连脑瓜子都快想破了，也没有想出来。接着，它连忙召大臣们开会。大大臣说："您可以把房间变小。"小大臣说："您可以把舌头伸长。"最后青蛙采用了小大臣的方法。果然有效！这就是今天青蛙的舌头那么长的原因。

骄傲的青蛙

文/陶庭涛

一只骄傲的青蛙能在水里游泳，还能在马路上走，正在自大地叫着："顶呱呱，顶呱呱，我是一只顶呱呱的青蛙。"它看见了一条小鱼游过来，连忙说："小鱼妹妹你能到陆地上和我赛跑吗?"小鱼看也没看它一眼就走了。

这时候，它又看见了柳树下坐着一只小花猫，马上就过去问："小猫姐姐，你能和我一起在河里比赛游泳吗?"小猫只是瞥了它一眼就走开了。

小青蛙得意又自满地唱着:“顶呱呱,顶呱呱,我是世界上最厉害的青蛙。”

过了一会儿,来了一只小牛,看见小青蛙唱得那么高兴,问道:“小青蛙你为什么唱得这么高兴呀?”小青蛙骄傲地说:“小鱼和小猫比不过我。”看见小牛长得又高又壮的,小青蛙很气愤,把自己的肚子鼓了起来,鼓了一下又一下的,把自己的肚子都鼓得胀破了,还是比不过小牛。

小牛叹了一口气。

假设出来的故事

授课:徐媛姬(浙江省东阳市中天国际小学)

三年级微童话课

课堂实录

一、直接揭题

师:同学们,这节课我们继续来看图写微童话。这节课我们从故事中去学写故事。(孩子们听到有故事听,很兴奋。)

二、第一次听故事,提炼结构

师:我们来听听第一个故事《大象的鼻子》。(教师讲故事。)

一天,鳄鱼在潜水,被河底的水草、破渔网缠住了,快要活活憋死了。他好不容易露出一点水面,大喊:"救命! 救命!"大象恰巧来喝水。看到这情景,二话不说,它就让鳄鱼咬住它的鼻子,使劲把它拉上来。小象也在后边帮忙拉。终于,鳄鱼是救上来了,但大象的鼻子被拉长了,再也缩不回去了。

师:听了这个故事,你们发现这里写了什么动物的什么特点?

生:大象的鼻子。

生:这个故事是根据大象的长鼻子来编的。

师:文中哪句话写了这个特点?

生:最终,鳄鱼是救上来了,但大象的鼻子被拉长了,再也缩不回去了。(PPT展示把这句话变红。)

师:大象的鼻子一开始就这么长吗?

生:不是。

师:首先,假设这个特点没有。后来怎么会这么长呢? 在文中找找。

生:看到这情景,二话不说,它就让鳄鱼咬住它的鼻子,使劲把它拉上来。小象也在后边帮忙拉。(PPT 展示把这句话变红。)

师:通过这么一个故事情节证明了大象的鼻子是怎么被拉长的。

(相机完成板书。)

发现　　特点

假设　　没有

证明　　情节

师:听了这个故事,你们有什么启发呢?

生:我知道了要互帮互助。

师:文中有"互帮互助"这个词吗?你是怎么读出来的?

生:鳄鱼快要活活憋死了,大象把它拉上来。

师:原来你是从字里行间读出来的。哪几个词最能让你感受到这种品质?

生:二话不说,使劲。

师:前几次我们写故事,也写出了道理。很多同学在文末加一个自然段:"这个故事告诉我们……"现在,你们知道了吗?这个道理不是我们告诉读者的,而要让读者自己去领悟,这样的故事才有味道。

三、再次听故事,拓宽思路

师:我们再来听一个故事《猴子和螃蟹》,请你想想这个故事和前一个故事有什么异同?

很久很久以前,有一次螃蟹和猴子一起找吃的东西。它俩到了一户人家,相互配合,偷了一块糕。偷到之后,猴子开始耍赖了,它想独吃这块糕。螃蟹当然不愿意啊,它就想出了一个计策,骗猴子说:"这种糕要穿在棍子上吃才香,而且棍子越烂,吃着就越香。"猴子相信了,"噌噌噌"爬上一棵树,找了一根烂了的树枝,把糕穿了上去。它看着树底下的螃蟹,心想:这吃法是你说的,现在你吃不到糕,总不能怪我吧!

哪里知道这烂了的树枝突然就断了,糕掉到了地上。螃蟹夹起糕就往河边跑,猴子急急忙忙下了树,追在螃蟹后面,心里气愤极了。猴子终究没能追上螃蟹,它就守在螃蟹的洞口,对着螃蟹大骂:"你真不是个好东西……这块糕是我俩一起偷来的,你怎么可以独吃呢?"螃蟹回答道:"你不也想独吃吗?你也不是个好东西。"猴子说:"我哪里想独吃,是你说把糕穿在棍子上好吃,我才爬到树上去的……你现在马上出来,我们好好理论下。"可不管猴子说什么,螃蟹都不出来,只是躲在洞里吃糕。

猴子气得要命,可也没什么办法对付螃蟹。最后,它竟然在螃蟹洞口拉起屎来。这还了得!螃蟹心里的怒气不打一处来,伸出两个大钳子,狠狠地朝猴子屁股上夹去。猴子“哎哟”一声，跳了起来，往屁股上一摸，屁股被夹掉了一层皮，直流血。

从此以后，猴子的屁股就变成红色的了。螃蟹呢，由于夹得太狠，猴子屁股上的那块毛就长在了大钳子上。之后，螃蟹的子孙也都开始在大钳子上长毛了。

师：你发现了什么异同？

生：都是原先没有这个特点，有了这个故事后，动物有这个特点了。

生：道理都是要读者去悟出来的。

师：有什么不同的吗？

生：第一个故事里有一种动物，第二个故事里有两种动物。

生：这个故事是坏事，上一个故事是好事。

师：了不起！前面的故事是正面例子，这个故事是反面的例子。

四、出示图片，构思故事

师：今天，我们就根据这样的思路来编写故事。今天的主角是谁呢？

（出示青蛙图片。）

师：青蛙有什么特点？

生：跳得高，舌头长，可以在水里游，也可以在陆地上跳，两栖动物。穿着绿色衣服，还有西瓜纹路。大眼睛，往外凸。嘴巴大，叫声大，它爱吃虫子。虫子停着时它看不见，动起来才看得见。

师：你想写青蛙的哪个特点？

生：舌头很黏，因为它不小心吃了鼻涕虫。

师：你想告诉大家什么呢？

生：不要乱吃东西。

师：那么它为什么会吃鼻涕虫呢？

生：因为它看不出苍蝇了，视力不好。

师：你们觉得这样的故事有没有很大的意义？（老师觉得这个故事不是很好，但不知道如何引导。）【不必强求“很大的意义”，没意义但有意思的微童话也很好。“不要乱吃东西”也很好。】

生：没有。

生：道理还没想出来。我想写青蛙的皮肤和吃害虫的特点。一天，从山坡上滚下了一个西瓜，刚好掉进了青蛙住的池塘，上面停着许多虫子。青蛙就连着西瓜一起吞进了肚子。那个时候青蛙是浑身透明的，吃了西瓜，所以变成了绿色的。

师：好，这个故事更有意思了！老师也给你们讲一个青蛙的故事。青蛙为什么是绿色的呢?

不要跳进那个染缸去哦,青蛙妈妈总是这么交代他。越是这样,小青蛙越想进去看看。那是一个很大很大的染缸,缸体上五颜六色的像彩虹一样漂亮。它的里面会是什么呢?只有进去看了才知道啊。可是,小青蛙又想起妈妈的话,妈妈小时候有个伙伴就是因为好奇跑到染缸上,滑进去以后淹死了。尽管如此,小青蛙还是忍不住。趁妈妈不在家,他一蹦就上了染缸,结果掉进去了。里面都是绿色的颜料,青蛙被染成了绿色。幸好里面还有一块木板,不然青蛙非淹死不可。这一回,青蛙终于体会到了不听老人言吃亏在眼前。他整天泡在水里,想把绿色的染料洗去,可是再也洗不去了。这成了青蛙的一个记号,时刻提醒着他。

师:我觉得可以这样,青蛙原来不是在夏天叫的,而是一年四季都叫的,别的动物都觉得它很吵,就给它定了一个规定。冬天,青蛙觉得太冷了,就在洞里睡觉。

五、发挥想象,自由创作

师:同学们都很有想象力。现在请大家构思自己的故事,刚才讲过的故事都不写,写出自己的想法来。【这是防止千篇一律啊!】

教学反思

听故事是孩子们的最爱。这节课,我让孩子们在听故事中学习写故事,不仅极大地激发了孩子的学习热情,而且,在趣味盎然的故事中,他们悟到了本次微童话"倒推式"的构思特点,悟到了编写时可以从正面角度给人以启发,也可以以反面例子让人吸取教训。这样的教学,比教师简单的语言教育更无痕,更入心。【总结得不错。怎么写,就在那些范文中,要看出方法来。】

"人物形象鲜明,故事情节有趣,能给人以启迪",这是童话故事的显著特点。在前几次教学中,我也要求孩子们紧扣文体特点,进行创作。孩子们往往在文末大讲道理:"这个故事告诉我们……"。这节课,针对这种情况,我特意安排了一个环节:《大象的鼻子》这个故事告诉我们什么呢?文中有"互帮互助"这样的字眼吗?你是怎么读出来的?让学生明白道理要寓于其中。

整堂课下来,我感觉最无助的就是"出示图片,构思故事"环节。学生思路不开阔,有几个比较活跃的同学说:"老师,讲几个。"在听了学生的发言,感觉没什么意思后,我就临时把材料里看到的故事讲给同学们听,希望给他们启发。

学生习作

青蛙公主

文/周思緦

在天上，每一朵白云都是一个美丽的王国。其中有个青蛙王国。

在青蛙王国里，统治者是女的，大家都叫她“青蛙公主”。一天，青蛙公主正津津有味地品尝着彩虹茶，一只调皮的蚊子钻进了她嘴里，在她喉咙里“嗡嗡”地叫。青蛙公主一说话，他就叫，让公主的说话声变得难听极了。这下好了，公主不敢说话，整个国家都乱了套。公主没办法，只好带着王子跑到地上，栖息在陆地和水里。由于从空中跳下来，他们都练出了很完美的跳跃。尽管叫声难听，跳跃也把不足补足了。所以，青蛙公主再也不自卑了，但她还是恨蚊子，天天把他们吃掉。

青蛙的衣裳

文/滕骏

从前，有一个青蛙家庭，住在西瓜地边上。

妈妈每天叮嘱：“不要去偷吃西瓜！”妈妈越是天天说，孩子们就越新奇。一天，一只小青蛙趁妈妈不注意，悄悄地去偷吃西瓜。“哧溜——哧溜——”嗯，太好吃了！那一只小青蛙一连吃了三天三夜，回到了家。“救命啊！闹鬼啦！”妈妈喊道。原来是那一只小青蛙把西瓜皮也吃了，原本是透明的青蛙变成了西瓜皮的颜色。

这只小青蛙的衣裳永远都脱不下来了，它的子子孙孙也这样。

青蛙的舌头

文/吴潘煜

从前，河边有三只青蛙，一只青蛙妈妈，两只青蛙宝宝。当妈妈第一次给他们捕食时，就告诫他们：“自己千万别去捕食，太危险了！”妈妈每次都强调这句话。

但妈妈越说，宝宝们就越好奇。他们想了个计划：晚上12点的时候去，这样妈妈就发现不了了！于是，钟声刚敲完12下，两只青蛙就跑出家门，去捕食了。

他们要比赛,于是拼命找蚊子。结果他们同时发现一只大蚊子。两只小青蛙同时伸出舌头向蚊子扑去。可蚊子没捕到,他们的舌头却粘在一起了。蚊子嗡嗡地嘲笑着他们,飞走了。青蛙们拉啊拉,舌头越来越长,再也缩不回去了。

青蛙学唱歌

文/葛敏莎

有一天,青蛙在水里游泳,一只蝴蝶飞过来说:“你看我,多漂亮啊,还能飞。”青蛙见了,就说:“有什么了不起的。”又过了一会儿,一只杜鹃飞过来,对青蛙说:“你瞧瞧我,羽毛那么漂亮,而且唱歌也很好听,如果你想学,我可以教你。”青蛙说:“可以啊,你教我。”从此以后,青蛙每天中午都要到树下去学唱歌。青蛙嗓子不好,没有好听的声音,但是还是坚持学唱歌。他有时还开音乐会呢。虽然他唱歌不好听,但其他动物都喜欢听他唱歌,很尊重他。

对打开孩子习作思路有好处

授课：董瑛（浙江省杭州市滨江第一小学）

五年级微童话课

课堂实录

师：请看图，图上有什么？

生：一只苍蝇和一只蚂蚁，蚂蚁小，苍蝇大。

师：对，这两个是我们今天微童话里的主角，它们还有什么特点呢？

生：蚂蚁，小个子，团结，勤劳；苍蝇，大个子，喜欢腐食，会飞。（板书：大、小；团结、勤劳、会飞……）

师：这两个家伙在路上碰到了。它们之间会发生什么故事呢？你可以根据它们的特点展开想象。（板书：特点。）

生1：苍蝇翅膀破了，小蚂蚁帮助它修补翅膀。

生2：小蚂蚁很想要一对翅膀，苍蝇帮助它实现了梦想。

生3：小蚂蚁勤劳，准备过冬食物，苍蝇不劳而获，过不了冬天。

生4：比力气，苍蝇惊喜地发现蚂蚁会搬运比自己身体重两倍的食物。

生5：蚂蚁迷路了，苍蝇带着它走出了迷城。

生6：苍蝇受伤了，蚂蚁急救队来帮助它。

……

师:同学们都能抓住角色特点构思童话,那么如何写好这个故事呢?给你们看两篇微童话例文。一篇是跟你们一样大的五年级的学生写的,一篇是作家写的。请看——

蛇藏脚

文/胡林涛

从前,蛇都有四只脚。

有一天,玩捉迷藏时,蛇的一只脚露了出来,被小兔子发现了。蛇很生气,拔掉了那只闯祸的脚,藏了起来。蛇和小兔子还成了敌人。三只脚走路不方便,于是蛇又藏起一只脚。

几个月后,两只脚的蛇去爬山,结果,一只脚卡在石头缝里了。蛇只好拔掉了那只被卡住的脚,藏了起来。当然,另一只脚也被藏起来,看不见了。

从此以后,蛇就没有脚了,肚皮贴地走路。路上的石子把它的肚皮划出了一道道痕,久而久之,肚皮上就有了鳞片。

提心吊胆

文/陆生作

窗台上摆着两盆绿萝,一盆健康,叶儿油绿,一盆病了,叶儿蔫黄。

叶绿的说:"老兄,我们是常绿植物,你怎么黄了,是不是病了?"

叶黄的说:"老弟,你看看窗外,秋天到了,叶儿本来就要黄的。"

叶绿的一看,果然,满大街梧桐叶都黄了,它紧张起来:"难道是我病了?"

终于,它真的病了,叶儿也黄了,但是,它却高兴起来:"咳,提心吊胆的日子总算过去了。"

师:《蛇藏脚》这一篇有什么特点?

生:蛇原来有脚,后来因为藏起了脚就变成现在的模样了,采用了"倒着编故事"的方式,很有新意。【学生回答这么准,老师之前就教过"倒着编"的技法呢!】

师:那《提心吊胆》这一篇有什么特点?

生:把想象与现实结合在了一起,文中还隐含了一个寓意,它既是童话,也是寓言。

师:那么这两篇童话都有什么共同点呢?(抓事物特点,结尾出乎意料。)

师:现在大家回头再看看刚才对苍蝇与蚂蚁的故事构思,有什么新发现吗?

生:第一个思路感觉很普通,读了开头就能想到童话的结局。

师:怎么改一改就能成为一篇让人回味的童话呢?大家可以从不同角度思考,根据板书内容,结合图画想一想会发生怎样有趣的故事呢?最好能编一个与众不同、让人回味的故事,然后写下来。

学生习作

小和大

文/吴泽同

有一天,巨大而又强壮的苍蝇飞进了窗台。过了一会儿,又爬上来一只细小又瘦弱的蚂蚁。苍蝇见到了蚂蚁,说:“瞧!你这么小的个子!爬得有我快?飞得有我高?还想在这里混?”蚂蚁慢条斯理地回答:“小也有小的好处呀!”“啪”的一声,一个拍子落在了苍蝇身上,而蚂蚁却从缝中钻了出来。【亮点:拍得巧。】

孤独的苍蝇

文/许可

蚂蚁是个快递员,每天要去遥远的村子里送东西。“双十一”到了,蚂蚁找来苍蝇帮忙运货,苍蝇答应了。可是,苍蝇驮着货飞着,飞着,忍不住打开了箱子,把里面的蛋糕吞下肚。蚂蚁生气得把这件事情告诉了人们。后来,人们见到苍蝇就打它,日子久了,苍蝇只能孤独地躲在垃圾堆里觅食。【亮点:故事是倒着编的。】

弱小的生命

文/俞杭晓

一只小蚂蚁在川流不息的大马路上寻找食物,这时,蚂蚁忽地看见了躺在角落里的苍蝇,朝它爬了过去。碰了碰,苍蝇没有知觉,已经晕过去了。蚂蚁用触角夹住苍蝇的腿试图拖走它。此时,苍蝇醒了过来:“你是谁?你夹得我腿痛。”小蚂蚁走了,默默地祈祷:车呀,你慢慢开!突然,全世界都静止了,只为了一个弱小的生命。【亮点:结尾让人思考。】

无家可归的苍蝇

文/童康淼

一只身体虚弱的苍蝇慢慢地拖动着翅膀在碧绿的草地上爬行。这时,路过一只蚂蚁,蚂蚁问苍蝇:“您这是怎么了?为什么不飞呀?”“哎,我要去找迷失的伙伴们,我都不知道他们到底去哪里了。你看,现在水变得更清了,树变得更绿了,天也更蓝了。我们以后到哪里去生活呀!”苍蝇沮丧地说。蚂蚁应和道:“是呀,你们是该迁徙了。”苍蝇一边走,一边嘀咕着:“敢问路在何方……”

第五技 No.5

微童话教学角度五："误解"现象

出题人：陆生作

这一次加大教学难度，学习技法："误解"现象。

微童话是童话的一种。写童话，有一个特点：童话里什么东西都可以讲话，花草树木，云山湖海，把每一样东西都当人看待。这叫万物有灵。在古代，这个特点更是突出。古人无法解释自然现象，又必须给出一个解释，只能是误解，于是神话诞生。童话也是如此，它来源于对一个个现象的误解。我们现在讲"拟人化"，也对，但这终究是置身事外的视角。如果身临其境地去写，会有不一样的感觉。写童话，需要在现实世界与童话世界进行切换。

童话是文学作品，文学的任务之一是塑造形象。从现象到形象，这中间有一个抽象。现象是复杂的，而写作讲究线条清晰，所以，要从现象中抽出（抽丝剥茧拼凑出）一条线，然后再去写。

比如，乌云是怎么回事，我们可以给出非常科学的解释。

它为什么会乌？误解它！——它生气就乌了；它擦拭天空就乌了……我们生气，脸色发青，表情也有阴晴；我们打扫教室，擦玻璃窗，白布也会变黑的……就是说，这种童话里的误解还是来源于真实的生活，就像我们看到各种各样的鬼怪画像，总还是有生活中人与动物的各种影子。

童话是天马行空的，但是写童话也是有边界的。边界就在于人的认知。人是以感知、体验的方式存在的。童话是写给人看的（人有时候是知道自己知道，有时候是知道自己不知道的，有时候是不知道自己知道的，有时候是不知道自己不知道的），就像"打一个比喻"，我们要用一个大家都熟悉的东西去比喻一个大家陌生的东西，如此才能起到作用，读者才能通过这个比喻形象地用熟悉的东西去了解陌生的东西。如果反过来，读者就读不懂了。

所以，这次微童话作文教学主要从了解自然现象到编写微童话，需要学生去"误解"自然现象，然后发挥合理想象——根植于生活的想象，塑造出童话形象。这一次课的题目，就是"乌云是怎么变乌的"。老师上课的时候，自己找个乌云图，给学生直观印象。课上，一定要追问，多问为什么和怎么样。写作时还要用好因果关系：因为乌云生气了，所以它乌了。它为什么生气呢？因为被大风吹疼了，被捉弄了……因果关系能顺畅地生成故事的情节，而且线条非常清晰。

课上，多发现学生在问答中的亮点，不要轻易去否定学生的答案，鼓励学生说自己的观点，而非人云亦云。而且，童话是一种自圆其说，它包容性很强。当然，作文教学有德育功能，文学是一种点化，所以，记得在微童话作品中表现真善美。这个真善美，不一定是立意上的，可以是微童话字里行间散发出来的味道、传递给读者的感觉，就像寓言一样，最后那个寓意尾巴，不一定要有的。

这一课有三个重点：

第一个重点是，让学生学会从生活中选材，懂得生活中写作材料随处可见，看到任何一个现象都可以拿来写作，我们只是以微童话的方式来写。

第二个重点是，让学生尝试，怎么样才能把现实生活跟童话世界联系起来。这个桥梁就是“误解”——我称之为误解，这样方便学生理解。前文已经举过乌云的例子了。

第三个重点是，写作的从现象到形象。现象是一个个自然的现象、生活的现象，形象就是一个个文学作品里的角色，微童话里的人物。它们之间需要一个抽象连接。抽象有很多内容好讲，比如，我们在生活当中看到有一个人动作慢腾腾的，要是写一个童话，以这个人为原型来创作，我会选择一个与这个人比较匹配、相似的童话角色来表现他，可以选择树懒，它本身的特点就是动作缓慢。这也是一种抽象，从现象到抽象，然后再去塑造一个形象。

还有，这一课的题目与之前四课的题目有所不同，角度不大一样。之前，主要是看图写微童话，给一张具体的图或照片，每课有一个具体的微童话写作技法。这一课换了一个方式，没有图，不强调一课一技法，而是更多地指向写作上的东西，偏于写作整体上的“现象—抽象—想象—形象”这样一个过程，虽然写的是微童话，但也有益于微童话之外的写作。

乌云是怎么变乌的

授课:曹俊芳(湖北省潜江市广华江汉油田外国语学校)

二年级微童话课

课堂实录

一、课前谈话

师:同学们,我们上学以来,看图写话写了不少。图上画的大多数是动物,小朋友们都很会想象,写出了一个又一个有趣的童话故事。写得好的同学呢,大多拥有一个共同的优点:能将图上的内容与我们的生活联系起来。今天,我们继续发挥想象,看哪个小朋友最会联系生活实际,发挥自己的想象,写出有趣的童话故事。

二、发散思维想象“乌云是怎么变乌的”的可能性

师:天上经常飘着朵朵白云,可有时候,白云会变成乌云,这是怎么回事呢?哪位同学脑洞大开,能充分发挥自己的想象,说一说?

生1:是白云生气了。

师:是的,生活中,人生气,脸会变乌的。

生2:是天上的画家把白云变乌的。

师:哦,画家的颜料多,肯定有灰色啊那些颜料。还有吗?

生3:白云很懒,不爱洗澡,衣服脏了,就变乌了。

师:哈哈,真会联系生活来想象。为你点赞!

生4:老师,是大海中的章鱼把白云染黑了。因为章鱼爸爸说老不下雨,大海的水少了,就飞到天上把白云染成了乌云。

三、发散思维想象“乌云是怎么变乌的”的过程

师:这位小朋友的想象让老师很惊讶。她也把乌云变乌的过程告诉大家了。

讲故事就是这样,要有故事的起因、经过、结果,尽量把故事讲完整。怎么让故事完整呢?可以多问几个为什么。请这位小朋友上来,老师有几个问题问问你。章鱼爸爸说大海的水少了,那它是怎么飞上天的呢?

生4:章鱼爸爸让大鸟把它们带上天的。

师:哦,白云那么柔软,它们到白云上,做了什么呢?

生4:它们在白云身上又蹦又跳,可白云就是不下雨。后来章鱼爸爸吐了好多墨,才把白云染黑,乌云就下雨了。

师:你把刚才说的连起来,就是一篇很有趣的童话故事了。其他同学也像老师这样多问几个为什么,如白云生气了,跟谁生气啊?为什么生气啊……问得多想得多,连起来就能编出一个有趣的童话了。

(学生先自己思考两分钟,再分小组讲讲自己编的故事。指名2人全班交流自己编的故事,学生边讲老师边在一旁指导。)

四、学生开始写作

(一个小细节:在写作时,一个小朋友说,题目应该改成"白云是怎么变乌的",还细说了理由。我尊重了他的想法。)

教学反思

课前学习了陆生作老师的讲座文稿《微童话的平常与特别》。因执教的学生是二年级的学生,故只选取了其中一点应用在教学中:用相似的地方与生活重叠,感觉整个教学过程还是比较流畅的。

及至批改了学生的习作,才发现他们的思维受同伴发言影响较大,大多是围绕已发言的几个同学说的来编故事,虽说情节各不相同,但故事的起因还是有些同质化。是我提出的想象联系生活实际限制了他们的思维,还是我没有充分激发他们的想象力?看来,如何让孩子的想象既合理,又能天马行空,还有很长的路要走。

学生习作

乌云是怎么变乌的

文/胡皓宸

这天早上，白云早早地起床了。它觉得每天玩的时间太少了，就打算不洗澡了。

想到这里，它迫不及待地冲出家门。它有时候找小鸟、太阳玩；有时候晚上醒了，就找星星和月亮玩；有时候它也自己跟自己玩。看，它把自己变成小猫，去找自己的尾巴。它还觉得不够意思，又变成了小兔子，蹦啊跳啊，到处跑。

就这样，它再也没有时间洗澡了。一天又一天，时间一长，本来洁白的衣服变黑了。最后，连整个身体都变乌了。

它再也没有脸见人了，谁也不想跟它玩了。乌云（原来的白云）只好回家去洗澡。由于很久没洗澡，它用的水非常多，水都从天上落了下来，就下起了倾盆大雨。哈哈，过了一天，乌云又变成了白云。

乌云是怎么变乌的

文/梁宇翔

天上有个有名的画家，他画的画远近闻名，栩栩如生。

听说白云非常美丽，又洁白又柔软，画家想给她画画。画家很快找到白云，给她画了一幅画，还给她涂了五彩缤纷的颜色。忽然，一道亮光射出来，白云变成了美丽的橙色的云，看起来更美了。

画家每天早上、晚上都经过白云的允许给她画画。

有一天，画家给白云画画的时候，一不小心把黑色颜料弄泼了，把白云全身染黑了。白云看自己黑不溜秋，伤心地哭了。画家给她鞠了一个躬，说了一声“对不起”，就连忙收拾颜料和画笔，不好意思地逃跑了。

乌云是怎么变乌的

文/王珞冉

从前，有一朵美丽的白云和好朋友太阳吵架了。

白云说:“太阳,你的光太强了,能不能明天不出来,让人们多看看我,看我有多美丽!”太阳一口回绝:“不行啊!人们没有看见我的话他们会感觉冷的!”白云听了,不高兴地说道:“你不答应我,我明天就把你遮住。反正我要把我的美展现出来给大家看!”太阳不甘示弱地说:“那我就用我的光芒穿过你的身体!”

她俩你一句,我一句地说着,一直到了晚上。白云觉得太阳太霸道了,好委屈!她越想越生气,越想越难过,慢慢的,她原来白色的身体变成了黑色。

第二天,她来到了城市的上空,看着下面的人们,想到了自己的委屈哇哇大哭起来。

哎!好好一朵美丽的白云居然变成了一朵丑陋的乌云。

乌云是怎么变乌的

文/褚欣怡

从前,有一片无边无际的大海,里面生活着许多小动物。一天,章鱼爸爸问小章鱼们:“你们有没有发现水变浅了呀?”小章鱼们说:“有,那我们去云上吧!”可是怎么去天上呢?这时,正好几只大鸟飞过。章鱼们向它们叫着:“麻烦把我们带上天去吧,我们要到白云上。”大鸟飞了过来,章鱼们爬了上去。

大鸟飞着飞着,一会儿就飞到了白云上。章鱼们说:“谢谢!”大鸟就飞走了。

章鱼们在云上躺着,觉得很舒服。它们一会儿把白云往左边摇,一会儿把白云往右边摇。玩了这么久,还没下雨。它们又在白云上跳上跳下,跳了一会儿,白云只是变大了。怎么把它变黑呢?章鱼爸爸想呀想,想到一个好办法:吐墨水。它们吐啊吐,吐出好多墨水,把白云吐黑了。那怎么下雨呢?它们想呀想,想了一个好办法,继续在乌云上跳。它们跳呀跳,乌云受不了了,就下雨了。

短小而有意思的微童话

授课:宋莉华(浙江省杭州市余杭区乔司小学)

二年级微童话课

课堂实录

一、激趣导入,初步了解微童话

师:小朋友们,你们都知道童话吧?平时都看过、听过哪些童话故事呢?

生:"白雪公主"。

生:"海的女儿"。

生:"七个小矮人"。

……

师:大家说的这些童话故事有什么共同的特点吗?

生:故事里的主角会说话。

生:很神奇,会变化。

……

师:说得真好。童话故事里所有的东西都是有生命的,都会说话,会高兴,会伤心难过……那你们听过微童话吗?

生:(大喊)没有!

师:(板书:微童话。)看着这三个字,猜猜微童话是怎么回事?

(生陷入思考中,渐渐地,有小手举起来了。)

生:就是小小的童话。

师:你是怎么知道的?

生:因为"微"的意思是微小。

师:哇,从字面意思上看出来的,你可真会猜。会猜测的孩子是会思考的孩子,真好!我们平时接触的童话故事都是长长的,而微童话就是短短的、小小的童话故事。

二、讲述微童话，真正感受微童话

师：你们想听微童话吗？

生：想！

师：（出示文字《小熊坐动车》。）这是老师送给大家的第一个微童话——《小熊坐动车》。（师读微童话《小熊坐动车》，生静静地听。）

师：好听吗？你觉得哪里特别吸引你？

生：小熊喜欢吃蜂蜜，它搬家竟然把蜜蜂带着走，真是有意思。

师：是呀，生活中，你去哪里也会想着把自己最喜欢吃的东西带上吧。我们再来看一个微童话，更有意思呢！（出示文字《天空饿了吃烤饼》。）请个小朋友来读一读。

（于琳瑶读。）

师：这个微童话又有趣在哪里呢？

生：金黄的太阳是烤饼，真是太像了！

生：金黄金黄的，香喷喷的，松松脆脆的，我也好想吃。（生笑。）

师：是呀，微童话里的想象真的很有意思，很有趣。今天这节课，我们也来试着编个微童话吧，有信心吗？

（生小声地说：没有，不会！）

师：别担心，只要你肯想，最好天马行空地想，老师会帮你的。

三、围绕创编的题目，讨论交流

师：（出示图片。）大家看，这是什么呀？

生：乌云。

师：对，是乌云。那乌云是怎么变乌的呢？展开你们想象的翅膀，谁能用这样的句式来说一说？因为乌云……，所以它变乌了。

生：因为乌云太靠近太阳了，被太阳烤焦了，所以它变乌了。

师：它为什么要靠近太阳呢？

生：因为它看到小鱼儿快渴死了，想变乌可以下雨。【情节上可以再多一步，先是云挡住阳光，不行，再靠近被烤焦了。已经问了“为什么”，再问“怎么样”，下雨之后怎么样了呢？故事情节就变得完整起来。】

生：因为乌云钻进了烟囱，又钻出来，所以它变乌了。

师：好好的，它为什么要钻进烟囱呢？

生：它在和小朋友玩捉迷藏的游戏。

生：因为乌云被太阳晒黑了，所以它变乌了。

师:它为什么会被晒黑呢?

生:因为它去海边旅游,又是游泳,又是吹海风,所以被晒黑了。

生:因为有人放鞭炮,把乌云熏黑了,所以它变乌了。

师:它为什么要去看放鞭炮啊?

生:好奇呗! 我就很喜欢看人放鞭炮,不过我很注意安全的。

……

四、总结方法,自由创编

师:小朋友们说得真好呀! 当你想好乌云变乌的理由,再多问几个为什么,然后把你想到的连起来,写下来,就是一个有趣的微童话。你看,其实编微童话一点也不难。拿起你的笔和练习纸,试试看吧。

(生试着写,师巡视,相机点拨。下课的时候,有五六个小朋友将完整的故事编好了,有十来个小朋友已经写好了故事的大半。说实话,孩子们的第一次表现超出了我的预期,有的想法真的很有意思,比我们上课交流的有意思得多。)

学生习作

被太阳嘲笑的白云

文/王浩宁

很久以前,太阳和白云是一对很好的朋友,她们经常在一起玩耍、嬉戏。突然有一天,她们不知道为了什么事情吵架了。太阳嘲笑白云:“你看你,只有白白的一种颜色,哪像我,颜色可丰富啦!”白云看看自己身上,又看看金光四射的太阳,小声说:“如果没有我的衬托,你能那么好看吗?”太阳一听,可不服气了:“没有你的衬托,我照样好看。”白云听了,非常生气,脸一下子变黑了,气呼呼的,不久就下起雨来。这下,人们就看不到金光闪闪的太阳了。太阳知道错了,就跟乌云道歉,乌云原谅了太阳,又变回了白云。

受委屈的白云

文/甘章睿

今天一大早,不知道是谁欺负了白云妹妹,她的脸色总是阴沉沉的,好像受了天大的委屈,一副想要哭的样子。

也许是今天太阳公公起得太早了,吵到了白云妹妹睡懒觉?也许是昨晚雷公公咳嗽的声音太响了,吓到了白云妹妹?哦,也有可能是她一早出门,没找到好朋友们跟她一起玩耍嬉戏,只能垂头丧气地回家了。

这时,风婆婆来了,带来了一阵又一阵的大风,白云妹妹一不小心就被风婆婆撞得摔跤了,在地上翻了一个跟头接着一个跟头,原来洁白的连衣裙也被弄脏了,到处是黑黑的一片。这可是她最喜欢的连衣裙啊!白云妹妹越想越伤心,哭着喊着跑去找妈妈。妈妈紧紧地抱着她,不停地安慰她,告诉她连衣裙是可以洗干净的。哇哇大哭的白云妹妹这才慢慢地止住了哭声,跟着妈妈回家去了。

乌云公主

文/向宏冈

从前,有一朵漂亮的白云,走到东,炫耀说:“我是这个世界上最美丽的白云公主!”走到西,也炫耀说:“我是这个世界上最美丽的白云公主!”王母娘娘知道了,非常生气,就派凶狠的大风率领着天兵天将来捉拿白云公主。风呼呼地越刮越大,害得白云只好东躲西藏,最后躲进了长长的烟囱里。等到她出来,发现自己雪白的衣裳、白白嫩嫩的脸都弄得脏兮兮的,变成了乌云公主,这才躲过了天兵天将的眼睛。从那以后,白云再也不敢随便炫耀了。

晒黑的白云

文/何怡朵

一天清晨,太阳公公起床了,心情很好。白云妹妹打扮得漂漂亮亮的,也出来玩了。它来到了海边,大海可真蓝啊!许许多多的人在海滩边玩耍。有的穿着漂亮的泳衣,准备游泳;有的在海滩上弯着腰捡贝壳;有的在玩沙子,堆出各种各样的城堡;还有的……白云妹妹一边看着沙滩上的人们,一边悠闲地散着步。

时间过得飞快,马上就中午了。太阳高照,火辣辣地烤着大地,人们还在兴高采烈地玩耍,各个玩得满头大汗,汗流浃背。白云妹妹看见了,她悄悄找来许多好朋友,一起用身体把太阳公公挡住,好让人们凉快一点。没多久,太阳公公就把白云们白白胖胖的脸蛋全晒黑了。

对话让故事丰盈

授课:陈翠萍(广东省深圳市龙岗区平湖外国语学校)

二年级微童话课

课堂实录

课前思考

“乌云是怎么变乌的”,看到主题,初步想用倒着编的思路。先引导学生想一想,“乌云”原来不是“乌云”,它可能是……再来编它因为遇到什么人或什么事所以变成黑色的了。可以天马行空地想象,但故事的情节要符合所选事物的特点。

比如:乌云原来是一朵白云,觉得好孤单,一路找伙伴,看到有需要帮助的干渴的桃树,和伙伴抱在一起变成乌云,雨点让桃树开满了花。

比如:乌云原来是一片美丽的彩霞,很骄傲。小草羡慕它,它却奚落小草,别的伙伴想教训它,就挤过来。它慢慢变成了一片难看的乌云。它后悔了,哭了起来。太阳公公安慰它,没关系,你帮助了小草以后,我还可以帮你再次变成美丽的彩云。

第一课时

一、直接导入

(课前老师在黑板上板书“一朵云”,让学生帮忙选粉笔颜色,把它变成乌云,写好本次微童话主题“乌云是怎么变乌的”。)

师:同学们,今天我们要一起创作一篇微童话,先来看看我们的主题吧——“乌云是怎么变乌的”。

二、特点入手谈乌云

师:现在黑板上就有一朵乌云,你感觉乌云怎么样?也就是它的特点是什么?

(学生回答,老师板书。)

生1:它会放闪电。

生2:乌云最怕太阳。

生3:乌云来了会下雨。

生4:乌云是黑不溜秋的。

生5:乌云让人感觉阴沉沉的。

生6:我要修改一下前面同学的答案。"下雨"改成"狂风暴雨","放闪电"改成"电闪雷鸣"。

三、聚焦"怎么"编故事

师:乌云原来并不是乌云,可能是什么?

(学生异口同声地喊"白云"。追问:还可能是?——彩云。)

师:那这朵云是怎么变成乌云的呢?

生1:遇到了一股黑烟,熏黑了。

生2:因为吸烟,自己就变黑了。

生3:太阳浇花,不小心浇到白云了,白云变黑了。

生4:被太阳晒黑了。

生5:被闪电劈黑了。

生6:被黑颜料染黑了。

(这里很多同学设置了不同的场景,因为画画被颜料染黑,被油漆涂黑,被飞过的飞机烟喷黑,被飞机上倒下来的废油染黑……有一个学生的答案较好,单独列出来板书:白云画画的时候,把黄色、红色、蓝色都倒在了一起,就变成黑色的了。——三原色混到一起变黑。)

生7:它脏兮兮的,就黑乎乎了。

师:还有很多的同学想要发言,请把你们的精彩故事写下来,我们一起分享。

【第一课时追问不彻底。】

教学反思

课堂上20分钟的时间,同学们埋头苦干写故事,但是故事都比较简单。虽然每个故事的语言和情节都没大毛病,可比较干瘪,没有味道。于是又有了第二节课:让你的故事生动起来。

第二课时

对同学们第一节课的作品进行点评。怎么把几十个字的小短文变成描写更生动、丰盈的故事呢?【微童话不要强求字数,生动、具体、传神不一定靠字数,也可以靠细节,靠结构,靠灵光一闪。】

1. 给故事分段。

先按照故事的起因、经过、结果分成三部分,再对每部分进行修改。

2. 多一些交代。

比如:有位同学说到白云被颜料染黑了。

师追问:黑色的染料怎么会跑到小白云的身上呢?

生:刷墙涂上去的。

师:直接刷的黑色的墙吗?

生:可能是彩色的颜料混在一起变成黑色了。

师:彩色颜料怎么会混在一起呢?

生:刷黄色,不小心弄到身上,感觉很漂亮。刷红色,感觉特别美。刷蓝色,也觉得特别喜欢。于是就把所有的颜色都涂到了身上,没想到变成了黑色。【这个创意不错,贪多,结果坏了;又符合科学。】

师:太棒啦!现在故事已经渐渐丰满,我们努力让故事变得更生动起来。

3. 加入对话。

给故事添加人物【这是技法"找伙伴"】,主人公小白云和它们之间有对话。实在不行,就自言自语,反正加进了语言,故事就会更加生动。

师:刚才的例子,大家觉得可以加入什么角色?

生:太阳!小白云身上的黄点点被太阳哥哥看见了,太阳哥哥笑眯眯地说:"真漂亮!"

生:小草!小草看到小白云身上的红点点,高兴地说:"和我的绿色太配了!"

生:天空看到小白云身上的蓝点点说:"和我一样的颜色,太漂亮啦!"

师:那小白云变成了黑色,该怎么办呢?

生:所有的朋友都过来安慰它,帮它想办法。它哭了起来,后来就变回白云啦!

教学反思

以班级一份较好的作品为例,说一说分段和对话的妙处。另外故事中可以安排几个类似的情节,用反复的手法让故事变长,变得更有趣。【写作课,也可以变成赏析课,在思考、欣赏中提高写作能力。】

学生习作

乌云是怎样变乌的

文/蒋李

一天,白云在城市的上空玩耍,人们在房子里劳作,忽然听到一声"着火了",房子里冒出了黑色的烟,烫人的火,人们打开了门,从房子里跑了出来,黑烟也跑了出去。

黑烟飞到天空,把白云包围起来,白云就变成了乌云。乌云气哭了,就下起雨来,雨下得很大。人们很高兴,因为大雨把房子的火都扑灭了。乌云呢,下了一场大雨,变白了。白云高兴得不得了,就这样,和人类快乐地生活在一起。

乌云是怎么变黑的

文/谢振龙

从前有一朵小白云,因为它长得白白净净的,所以大家都叫它"小白"。

有一天,小白听说太阳哥哥开了一家服装店,那里有一件很神奇的衣服,于是就到太阳哥哥那儿,把那件神奇的衣服买了。

小白穿上那件神奇的衣服,早上它会变成金光闪闪的颜色。一到中午,它会变成火红红的颜色。到了傍晚,它变成了彩色。

小白它穿着这件这么神奇的衣服,非常高兴,却从来就没有想要脱下来洗洗的意思。就这样一天天过去了,那件神奇的衣服慢慢地弄脏了,渐渐地失去了光彩,变成黑乎乎的了。小白把脸蛋也一块儿弄得乌黑了。它想把那件神奇的衣服脱下来,可是怎么也脱不下来了。

它很伤心,就去了人间。它看到小秧苗弯着腰,很口渴,几乎站不稳,就下了一场小雨。小秧苗喝足了水，把腰杆都挺直了，在春风下翩翩起舞，小秧苗高兴地对小白说："谢谢你。"

小白就这样一次次地帮助了很多人，就变回了原来白色的了。

【以下3篇同类型的，比一比，挺有意思。】

乌云是怎样变乌的

文/王宁

有一天，雪白的小白云在刷自己的墙壁。它现在在刷蓝色的油漆，不小心滴了几滴在身上，它说："还挺漂亮的星星！"它现在在刷红色的油漆，不小心又滴了几滴在身上，它说："还是挺漂亮的！"它现在在刷黄色的油漆，不小心又滴了几滴在身上，它说："还是挺好看的！"忽然，它发现自己变成了黑色，急忙说："我要变回白色！"

乌云为了变回白色，决定去凡间帮助人！它看干枯枯的秧苗挺可怜的，就为秧苗下了一次雨！它看见干枯的树木很可怜，就为了它下一场雨！就这样，乌云变回了白色！你觉得它可爱吗？

乌云是怎么变乌的

文/苏雅源

有一天，小白云给自己的新家刷墙壁。刷着，刷着，一不小心就把紫色的颜料倒在了身上，小白云变成了紫色的云；黄色的颜料倒在了身上，变成了黄色的云。小白云很好奇，就把全部颜料倒在了自己的身上。

小白云心想："肯定会像彩虹一样美丽又漂亮！"可是后来呢？它变成了一朵又黑又丑的云。

小白云不叫小白云，而是叫黑乎乎的小乌云。小乌云伤心极了，因为它不想当黑乎乎的小乌云，这样别的小白云不跟它玩，而且会嘲笑它的。

小乌云好伤心。这时太阳公公说："你下一场雨，再去小溪里好好地洗一个澡，肯定会变回原来的样子。"小乌云回答说："好的，谢谢您太阳公公。"小乌云按照太阳公公说的做，果真变成了原来的样子，它开心极了……

乌云是怎么变乌的

文/蒋越超

蓝蓝的天空，一朵朵白云，五颜六色的彩虹，漂亮极了。有一朵非常漂亮的白云，它很可爱也很调皮。它的名字叫“小白”。

一天，天气晴朗，小白和它的伙伴们去游玩。它们看见叔叔、阿姨们在粉刷房子，非常漂亮。于是，小白和伙伴们就去帮忙。小白把深蓝、蓝颜料拌在一起就变成了灰色。小白又把深蓝、白拌在一起马上变成了“天蓝色”。颜色都很漂亮，小白和伙伴们好开心。

小白心想：如果我把红、蓝、白、黑全部拌在一起，倒在自己身上，是不是我也会变得像房子一样漂亮呢？

淘气的小白把颜料全部都刷在了自己身上，它立刻就变成了“乌色”。小白很伤心，也很后悔，不该为了变漂亮把颜料全部都刷在自己身上。

小白到处问：“怎么样做我才能变回原来的我呢？”

雷公公告诉小白：“只要多做好事，多帮助需要帮助的人，就会变得心灵外表一样美。”

这一天，小白看见农民伯伯田地里种的禾苗因为很久没有下雨很干枯，快要成熟的麦子因为没有水喝干得直不起头。于是，小白为了帮助人们就和自己的伙伴们一起下起了一场大雨。

雨过天晴以后，绿油油的禾苗向小白唱歌跳舞，快要成熟的麦子向小白点头招手，人们似乎也在感谢小白和他的伙伴们，小白好开心。不知什么时候，小白已经变得比以前更漂亮啦！【这个故事500多字，二年级写成这样该表扬，结构、情节也设计得挺好。但细看，总觉得故事有点飘，脱离现实——蓝白变天蓝，禾苗和麦子一起，似乎为故事而故事了。特别是低段孩子，一定要扎根生活去想象，不然没了度。】

乌云是怎么变乌的

授课：包唯（浙江省金华市磐安县青少年宫）

混合班微童话课

课堂实录

一、初步感知：白云和乌云的区别和联系

1. 看视频，观察区别。

师：同学们好！上课前，老师要给你们看一个微动画，名字叫作"暴力云与送子鹤"。观看前，老师有几个问题给你们，希望你们带着问题去观看：(1)动画里面有哪些角色？(2)白云和暴力云有什么区别？它们的送子鹤的待遇有何不同呢？(3)你感悟到了什么？

2. 会思考，自由表述。

生1：暴力云、送子鹤、白云，还有好多小宝贝……

生2：白云看起来很温柔、很友善，它们变出来的宝贝也是温顺可爱的，所以它们的送子鹤的工作就比较轻松愉快。

生3：暴力云就是乌云，它生气就会打雷，难过就会下雨，它变出来的宝贝都很凶恶、可怕。那只送子鹤的工作就很危险，它还会受伤，我觉得它好惨。

生4：我觉得暴力云的送子鹤对主人非常忠心，不怕危险，工作很尽责。

师：看来同学们看得非常认真，回答得也很到位。这个暴力云呀，就是乌云，那么今天，我们就来说一说白云与乌云之间的故事吧。

二、启发灵感：乌云是怎么变乌的

师：刚才我们看到了白云和乌云的不同，也知道了白云可以变成乌云，乌云也可以变成白云，那么请你们展开想象，如果白云是一个跟你差不多的小朋友，它为什么会变乌云呢？它又是怎么变回白云的？【白变乌又变白，一去一回，是常见的故事结构。】

生1:白云生病了!

师:对,白云跟我们一样,也要经历生老病死。白云为什么生病了呢?

生1:白云不听妈妈的话,总是挑食,所以生病了,就变成乌云了。

师:那它又是怎么变回白云的呢?

生1:小乌云去医院看好了病,脸色好了起来,又变成了小白云。

师:从这个故事里,我们知道了不能挑食。

生2:白云被墨汁染黑了!

师:这朵白云充满了书香气息!你能不能再和大家说说,小白云是怎么被墨汁染黑的?它又是怎么变回去的?

生2:有一天,小白云在家里写毛笔字,一不小心把墨水打翻了,结果全身沾满了墨汁,它就变成了乌云。乌云难过地哭了起来,眼泪把墨汁冲干净了,它又变成了干净的小白云。

师:有意思。

生3:白云变成恶魔了!

师:哦,恶魔?它做了什么?怎么会这样?好好思考下。

生4:白云整容了!

师:为什么要整容?什么才是美呢?

生5:白云穿了黑披风、黑外套,它要耍酷!它要穿上黑斗篷,给大家表演魔术。

师:你的想法酷酷的。

生6:白云生气了!

师:哦,谁惹白云生气了呢?

生7:白云被太阳晒黑了!

师:为什么?

生7:因为没有涂防晒霜,它是朵爱美的白云。

生7:因为它本来想晒成古铜色,结果晒得乌黑乌黑的了。

生8:风把灰尘都吹到白云身上,白云变脏了……白云和风在打闹!

生9:白云摔倒了。

师:摔倒了为什么会变乌云呢?

生9:就像我摔倒了,有乌青!

师:刚才几个同学的想法不错,那你的想法呢?快说说你的想法,说出来了,故事就有了呢!

生10:人们放鞭炮打到它了,火和烟吓到白云了。

生11:白云戴上墨镜和假发装酷。

生12:白云要离开了,它和好朋友告别,它们拥抱了就变黑了。

生13:白云碰到电线杆了。白云跑到烟囱里去了。

生14:白云被工厂的黑烟和汽车尾气熏黑了。

生15:白云把小鸟的颜料盒打翻了,颜料洒到自己身上。

生16:白云被飞机撞了。被足球踢黑了。

生17:白云把鞋油当成面霜,把自己抹黑了。

生18:白云染发了。白云看到动物们有毛发,自己买了瓶生发剂,结果长出来的头发把整个身体都覆盖了,变黑了。

(省略一些评语和对话。)

三、提出要求,创意写作

师:刚才大家都说了好多很棒的灵感,那么你们能不能把你们的灵感转化成文字,写出一篇完整的微童话呢?交流下微童话的特点与要求(字数少,200字左右,拟人化,想象丰富,神奇、有趣、梦幻,真善美等)。请大家想好以后,拿起笔写在纸上。

在纸上写的时候,请注意以下几点:一是想好的话,埋头快写;二是写不出的字,跳过不写;三是来不及写,心里有数;四是写完之后,读读改改。好,开始写吧。

教学反思

本次教学有两个目标:第一,引导学生将自然现象与生活相联系,能表述并书写微童话,语言流畅,字迹清晰。第二,培养学生的口语表达能力和书写能力,丰富学生想象力。

在“启发灵感”这个环节,孩子们新奇有趣的灵感让我很惊喜。其实孩子们很棒,想象丰富,思维活跃,作为老师,我们应该放手让他们去飞,在童话的世界里自由翱翔。所以很多时候,孩子们的自主性与积极性还是需要老师去调动,这样每个孩子写出的东西都不一样。以后,我还是要多注意这一点,转变我的角色,学会正确引导。因为我表述的东西可能只是我一个人的想法,而孩子们的想法更加五花八门,所以,学生也是我的老师。同时,我发现了许多平时写得并不那么好的孩子会积极思考,觉得很高兴,反而有些平时写得不错的孩子沉默不语。我还是需要好好备课,好好引导才是。如果我能通过这样的课,让孩子们举一反三,能主动去观察身边的自然现象,去思考,去表达,那样就更棒了。

在“启发灵感”之前的环节,我觉得我少了对白云和乌云的特点的交流。后来我看到了《淅淅沥沥，为什么会下雨?》这个绘本，想到或者我还可以加入这个绘本的阅读，让学生从童话的角度来了解自然科学知识，或许能从云的特点去联想更好的童话故事。【这样就更契合“现象—抽象—形象”了。】所以，在以后的写作教学中，课前我应该做更多的准备与思考，课后及时记录与反思，在日常的教学工作中沉潜下来，脚踏实地，好好成长。

学生习作

爱美的小云朵

文/马健翔

一天，小云朵看到天气很好，就出来晒太阳。过了几小时，小云朵因为没有涂防晒霜，所以被太阳晒得乌黑乌黑的。大树看了小云朵一眼，说:“你变得好丑啊!”小云朵听了这话，伤心极了，脸也变得暗沉起来，不一会儿就开始号啕大哭，泪珠“刷刷刷”地掉到了大地上。小草小花喝了水都打起精神来了，它们非常感谢小云朵。小云朵的心情一下子变好了，脸色也变白了，也不哭了。雨停了，太阳公公露出了温暖的笑容。

调皮的白云

文/陈贞多

一天夜晚，有一个人走路回家，晚上天太黑了，幸好有月光照亮，可是淘气的白云偏偏要玩挡住月亮，害得那个人走路老是摔倒。月亮一次又一次都不让白云挡住自己，月亮真的很想给那个人照亮，可是大片大片的白云挡住了月亮，月亮真的难以逃脱。风伯伯看见了这个场景，也想帮助那个人，就把白云吹走了，那个人总算走回家了。

天亮了，太阳公公出来了，风伯伯把昨晚的事告诉了太阳公公，太阳公公批评了白云。白云来到了一个非常干旱的地方哭了起来。太阳公公看见小白云哭了，就对小白云说:“知错能改，就是好孩子。你刚才也做了一件好事呀，你把干旱的土地变得湿润起来了。”听了太阳公公的话，小白云每天都会去帮助那些需要帮助的人，变成了一朵懂事的小白云。

白云想长发

文/林锦昊

一天，白云看到小动物们都长着毛发，它来到小溪上空照了照，说："我的身上什么也没有，就白茫茫的一片，难看死了。"白云突然想起在一家商店里看到过一瓶生发剂，它想：也许这能让我像地上的动物一样，长出漂亮的毛发。白云立刻到商店买了一瓶生发剂，可是买来之后不知道怎么用，就一下子把所有的生发剂全倒在了身上。过了没多久，生发剂就起作用了，它来到池塘上空一看，看到自己整个都是黑乎乎的，这样更难看了。它很伤心，一直大哭，还好眼泪把毛发都冲洗了，当它再往水面上看自己时，又变回原来的样子了。

想要学问的小云朵

文/陈昂斐

这几天，白云很不高兴，因为别的云朵总说它没学问，不愿意跟它玩了。白云很伤心，它想：我真该找到学问这个东西，可是在哪儿呢？

白云靠近地面，想问问人们学问在哪里。这时它突然听到有人说了句话："有学问的人，肚子里都有墨水。"这下，它可高兴坏了，抓起一瓶墨水就往嘴里倒。咕咚咕咚，白云刚喝完就发现自己竟变成乌黑色的了。它急得飘来飘去：这下可好了，同伴们又该嘲笑我了。它急得哭了起来，哭呀哭，墨水和眼泪一起滴了下来——下雨了。哭完，白云竟发现自己变回了白色，太阳公公出来了，告诉它："你要多看书，才能有学问。"白云点点头。

风的故事:微童话的三种类型

授课:林道贺(浙江省温州市平阳县中心小学)

六年级微童话课

课堂实录

课前思考

风,身边物,时时相伴,是熟悉的;但是因为无形,又是陌生的。虽然是六年级学生,但是让他们具体感知,仍是创作的出发点。对六年级学生而言,读过的童话不在少数,课内课外加起来也是相当可观的。但是,读得多,不代表写得好。虽然某些单元习作要求是童话写作,但是之前缺乏有效"支架",属于盲目创编童话。试图从具体例子中梳理出童话创编方法,再运用到实际创编中,是走出黑暗迎接黎明的有效之路。

师:风从远古时代走来,一路故事不断。古诗中有记载:"春风又绿江南岸",这是一个可爱的风;"不知细叶谁裁出,二月春风似剪刀",这是一个爱美的风;"长风破浪会有时,直挂云帆济沧海",这是一个勇敢的风。【"一个风"是"一个人"的感觉,童话的感觉。】古诗里有风的故事,你能说几句有关风的诗句吗?

生1:沾衣欲湿杏花雨,吹面不寒杨柳风。这是一个温暖的风。

生2:风萧萧兮易水寒,壮士一去兮不复还。这是一个送别壮士的风。

生3:长风破浪会有时,直挂云帆济沧海。这是一个有理想的风。

……

师:是啊,风真是个性多样又十足。那词语里还有哪些关于风的故事呢?

生1:万事俱备,只欠东风;风马牛不相及。

生2:风婆婆,风姑娘,风娃子。

生3:风吹草动,风风火火,捕风捉影,狂风暴雨……

师:是啊,风的故事真是多得像牛毛,像花针,像细丝。

(找具体的例子,让学生感受风的存在。)

师:今天,我们来讲一讲风的故事,写一写风的童话。你们知道可以用什么方法将风的故事写成童话呢?

生:让风会说话、会做动作、会做事,有思想感情。

师:要用一句话概括呢?

生:凡是人会的风也会。

师:你真是具有非凡的能力。还有什么方法?

生:还可以运用想象、夸张的手法。(提炼童话创编方法,从表层到思维。)

师:是的,这也是童话的特征。让我们看屏幕,仔细阅读这篇微童话《捉迷藏》,说说你从中发现风会做哪些事?

(PPT 出示。)

捉迷藏

文/周晓波

风跟小妹妹玩捉迷藏的游戏。

小妹妹问风:"藏好了没有?"

待了好一会儿,没有听风说话,小妹妹就从墙角后,跳出来找风,可找来找去也找不到。

忽然"嘻"的一声,风在一棵树上忍不住笑起来了,同时有一片叶子,因为站得不太牢,让风一笑掉下来了。

小妹妹连忙跑过去,一把捉住了这片叶子,问它:"风呢?"叶子红着脸孔说:"我也不知道呀!"

师:你们发现,风在这里会做哪些事?

生:会跟人玩游戏,会说话,会笑。

师:是的,你认为作者哪一点设置得特别奇妙?

生1:风会"嘻"的一声笑出来。因为风有声音。

生2:叶子掉下了。叶子红着脸。秋风来了,会把树叶吹落,会把树叶变红。

生3:捉迷藏这个游戏设置得好。既有童真、童趣,又符合风的特点。

师:童话故事先要梳理事物的特点。作者紧紧抓住风的特点、风的本领来写。(板书:抓特点、抓本领。)

生:设置了麻烦点,风一直没有被小妹妹找到。

师:你说得太好了。是的,叙事有麻烦点,才有看点。(板书:设麻烦点。)

师:风和小妹妹玩捉迷藏游戏玩得真是不亦乐乎。他们是属于合作型关系。(板书:合作型。)

师:请展开你的奇妙想象力,风和谁合作,做什么?(板书:想象奇妙。)

生:风与雨合作,春天夜里潜入田野,滋润万物。

生:风和蒲公英合作,一起去旅行。

生:风和燕子合作,在空中翩翩起舞。

……

(创编方法不是凭空硬塞的,而是通过具体事例引导出来的。)

师:你们的想象力真是无比奇妙,让风与其他事物合作无比愉快。让我们再看另外一篇童话,这会是什么类型关系的童话呢?

(PPT 出示。)

北风和太阳

伊索寓言

北风和太阳争论谁的威力大。他们议定,谁能剥去行人的衣裳,就算谁胜利。北风开始猛烈地刮,行人把衣裳裹紧,北风就刮得更猛。后来,行人冷得厉害,又加上了更多的衣裳。北风终于刮累了,就让位给太阳。太阳先温和地晒,行人脱掉了添加的衣裳;太阳越晒越猛,行人热得难受,就把衣裳脱光,跳到附近的河里洗澡去了。

生:比赛型。风与太阳比谁的威力大。

生:秀肌肉型。风与太阳,谁也不服谁,都认为自己厉害。

师:你们用自己的理解概括了风与其他事物的一种关系,真有自己的思考!我们也可以称这样关系的童话故事为对抗型童话。(板书:对抗型。)

师:请展开你的奇妙想象力,风与谁,比什么?

生:风与千里马,比速度。

生:风与松鼠,比摘果实。

生:风与闪电,比谁更吓人。

……

师:在你们的丰富想象中,风真是个勇士,是个战士。童话故事除了合作型、对抗型,还有什么类型呢?不久前,老师去杭州参加作文学习培训,《少年作家》杂志的主编陆生作老师告诉我们:有一种童话类型叫任务型。(板书:任务型。)

壁虎生蛋

文/陆生作

壁虎要生蛋了，她很紧张。在地上挖个坑，把蛋生在坑里，用土埋起来，像鳄鱼一样？万一有大脚丫不小心把蛋踩扁了呢？在树上做个窝，把蛋生在窝里，像鸟一样？万一有大风把窝吹掉了呢？壁虎想来想去，把蛋生在了房顶的墙角，还请蜘蛛结了张网。蛋粘在墙角，没大脚丫，没风，有保护，壁虎放心了。

师：这是一个“任务型”的例子。让我们来说说，谁给风任务，什么任务？

生：宙斯给风任务，让它来帮助受苦难的人。

生：太阳给风任务，让它带云朵去散步。

生：蒲公英妈妈给风任务，让它带孩子们去闯荡江湖。

……

师：你们给风安排了不同的任务，真是奇招迭出。接下来，让我们踏上微童话写作的旅程。请你选择一种类型，抓住风的特点和本领，设置麻烦点，展开奇思妙想。【让学生懂得“支架”的来龙去脉，才会内化，才会运用。】

（开始创编，巡视指导。）

教学反思

在六年级开展微童话教学，如何让学生学会创编方法是教学重点，也是难点。本课围绕“风”的具象表现感知它的特点，用范文开路，提炼出创编方法，找到“支架”，写出大致符合要求的童话。大部分同学能在最后15分钟时间完成创作，说明童话教学是较为成功的，学生并没有陷入咬笔头的尴尬场面。

但是，也正因为教学设计为一课时，时间紧迫，省略了“半成品”交流环节。从习作效果来看，这影响甚至决定了创作质量的高低。学生有创意的作品不多，奇思妙想的更少。【学生写作不必跟作家写作比较，学习即可，练习即可，哪怕没有奇思妙想，在思维上他们也经受了一次训练，肯定是有益的，有效的。】也许，六年级学生忙于写叙事类、写景类作文而磨损了想象力。

我想，创作可以分为四个阶段：找策略和素材—独立构思—“半成品”交流—修改打磨。

学生习作

风与蒲公英

文/廖翊

很久以前,风与蒲公英是邻居。风古道热肠,蒲公英志向远大。

有一天,风正优哉游哉地散着步,遇见一脸忧愁的蒲公英,上前问道:“蒲公英妈妈,您怎么了?”

“唉。”蒲公英妈妈叹气道,“我的孩子们长大了,想让它们去远方自力更生。而我自己又没有办法。”

“就让我来帮你的忙吧。”风爽快地说。

“那就拜托您了。”

于是,风带着蒲公英宝宝们飞翔。没多久,风累得气喘吁吁,粗重的喘气声把蒲公英宝宝吵醒了,它们又哭又叫的,时不时还有几个落队了的。风累极了,快没力气了,昏沉沉地拖着疲惫的身体。一个调皮的蒲公英宝宝趁机爬进了它的鼻子,风忍不住奇痒,连续打了三个大喷嚏。等它张开眼,眼前的蒲公英宝宝不知道被它吹到哪儿去了。【有创意!】

从此,风满世界寻找蒲公英宝宝,无论酷寒炎暑,还是白天黑夜。

风与松鼠

文/陈诺

在一个无边无际的大森林中,风正在秀自己的大力气。

“呼——呼——”风刮起尘埃,卷起了叶子。不远处,一只松鼠急急忙忙跑过来,对风说:“停! 停! 不要吹了。我的尾巴都被叶子刮伤了,我的眼睛都被尘土吹迷了。”

风停了下来,朝四周瞅了好半天,才发现是不满的松鼠。风傲慢地说:“你凭什么说我,你算是谁?”松鼠盯着风的眼睛,没有说话,但心中早已火冒三丈了。风又开口:“不服我的威力,咱们比试比试啊。”【对抗型。】

“行啊,那就比谁摘的松果多。”松鼠终于发话了,“计时三分钟,开始!”

松鼠灵活地在松树上蹿来跳去,不一会儿,就收集了一大堆松果。

可风呢? 他只是胡乱地吹,把松果吹得到处都是。松果落在了小河中,石头边,草丛中,零散杂乱,根本没办法收集在一起。

松鼠胜利了,风惭愧地低下了头,他明白了:表面风光不一定实用。

风雨兼程

文/郑洲庚

很久以前，风和雨是好朋友，形影不离，它俩住在天上。

有一年，大地遭遇千年一遇的大旱，农作物奄奄一息。上帝派它俩去造化人间。

于是，风和雨开始工作。风负责搬运云朵遮阳，雨负责浇水灌溉。

没多久，大地一片生机。有一天，风偷偷地独自出去玩了。在一片绿草如茵的草原上，它开始挑逗那些小草。先小吹一口，几根草被吹飞了。它找到了乐趣，把小草当蜡烛吹，越吹越大，不小心把自己吹成了龙卷风。龙卷风铺天盖地地撕扯着草原。风害怕地发抖，越发抖，小草越是“漫天飞舞”。在这灾难下，美丽的草原转瞬间变成了沙漠。

雨闻声而来。它惊奇地看着这一幕，于是使出浑身力气，浇灌着沙漠。草，奇迹般地全活了。风向雨道了歉，雨原谅了风。【风、雨的特点用上了。】

从此它们风雨兼程，共同造福人间。

教师下水文

风娃娃

风娃娃呱呱坠地，妈妈叫它独自去闯闯。

三月，风娃娃来到公园。公园里杨柳依依，百花吐蕊。一大群孩子正抱怨风筝不听话，太懒惰时，风娃娃“呼——呼——”带着风筝直上云霄，底下全是一片向日葵脸。风娃娃在空中偷偷地笑。

六月，风娃娃跟着孩子们去海边捡贝壳，捡到了一个松果形状的美丽贝壳，风轻轻地给它唱着歌。晚上，一只松鼠偷走了贝壳逃跑了。半夜起来喝水的风发现贝壳被偷了，非常生气，狂风怒号，从海面呼啸而过，直扑森林。一路上，撞倒房屋，撞断了树木，把孩子吓得紧闭房门。风娃娃成了不受欢迎的台风。

九月，没有孩子陪它玩，风娃娃很难过，就去山上散心。风娃娃求得枫叶姐姐的帮忙，每当一个孩子来登山时，它就轻轻地把叶子飘在孩子的头上，孩子露出了菊花脸。风娃娃慢慢地懂了。

十二月，当圣诞老人深夜里把苹果塞进孩子们的枕头底下时，风娃娃也悄悄地请来雪花姐姐，在空中一起飞舞，等待孩子们醒来。【本文时间线构思清晰。】

微童话的民间故事套路

文/陆生作

怎么写微童话,可以向民间故事学习。我很喜欢民间故事,中外民间故事都看过不少,好佩服古人的智慧——要知道,许多民间故事都是古人从田间地头刨出来的!

虽说耕读传家,耕是少不了的,米要种出来吃的嘛,但读就少了,万般皆下品,惟有读书高,古代农人有几个读过书的呀?所以说,文化程度或高或低与编故事或好或坏不成比例,故事源于生活,有生活就有故事。

在我家乡,有一农人,不曾读书,编顺口溜极好!比如:

吃饭么,集体,
干活,只剩我自己。
我蹲倒,站起,
眼泪,鼻涕,
他们还要骂我癞痢。

我把方言翻译成普通话,这顺口溜还这么押韵,用方言念起来就更有味道了。

扯远了,返回来讲微童话的民间故事元素。下面我将从高咏志的微童话作品《逃跑》开讲,这则微童话中含有诸多民间故事的元素。

逃跑

文/高咏志

石头太懒了,一动也不愿意动。

春天,杏花如云,桃花如霞。眼睛说:"过去看看吧!"他摇摇头。

夏天,蝈蝈弹琴,鸟儿唱歌。耳朵说:"过去听听吧!"他摇摇头。

秋天,好风如酒,瓜果飘香。鼻子说:"出去走走吧!"他摇摇头。

眼睛、耳朵、鼻子,大家一商量,跑了。

最后,石头只剩下了一个光脑袋。

归纳两点藏在这则微童话中的创作方法。

第一点：倒着编故事。

石头有眼睛、耳朵、鼻子吗？没有。假设在很久很久以前，石头是有眼睛、耳朵、鼻子的，后来怎么就没有了呢？这里面肯定发生了一个故事，把这个故事写出来，就可以是一个极好的微童话。学会了这样的思路，我们可以创作出好多好多微童话。

问问自己：蛇为什么没有脚？兔子的耳朵为什么这么长？大象的鼻子为什么这么长？猴子为什么红屁股？蜗牛为什么背着壳？……只要我们开动脑筋，就有写不完的微童话。即使是“兔子的耳朵为什么这么长？”这一个问题，就可以构思出不同的答案，也就有不同的故事。甚至能够这样理解，微童话是对一个问题的回答。

第二点：事不过“三”。

我们先来看两个广告：

“今年过节不收礼，收礼只收脑白金。”说了三遍。

“恒源祥，羊羊羊。”也说了三遍。

这一“三遍法则”在民间故事中被运用得炉火纯青：三打祝家庄、三顾茅庐、三打白骨精、三气周瑜、魔王的三根金头发、三兄弟、三姐妹……可以说，古今中外莫不如此。作家高咏志在《逃跑》中写眼睛、耳朵、鼻子，是“三”；配上春天、夏天、秋天，也是“三”。

好多小学生在写微童话时，都会用到“三遍法则”，但他们没有把它归纳出来。比如：《铅笔盒里的故事》——铅笔怎么说，橡皮怎么说，最后铅笔盒说，要怎样怎样。这也是“三”。把这“三遍法则”归纳出来，形成一个模块，当成一块积木，对写作是很有帮助的。

我们既可以明着用“三遍法则”这一民间故事套路，也可以暗着用，即把它化用，比如：作家冰波写《蓝鲸的眼睛》就用了“三”，蓝鲸出现三次……若你有兴趣，可以找来一读。

不管是“倒着编”，还是“事不过三”，都是微童话的一种创作构思，而且很好用，可以写到根本停不下来。

俄罗斯套娃式的微童话

文/陆生作

先简单了解下俄罗斯套娃。它是木制玩具,俄罗斯特产,一般由多个图案相同的空心木娃娃一个套一个组成,最多可达十多个,通常为圆柱形,底部平坦,可以直立。最普通的图案是一个穿着俄罗斯民族服装的姑娘。

俄罗斯套娃于1890年出现在俄罗斯,据说是受了日本玩具的启发。一个画家见到了一套日本七福神的玩具,最外面是秃头老寿星,里面套着七个神像。由此,画家得了灵感,与一匠人合作设计了一套玩具,画家画画,匠人刻制:一个姑娘套着一个小伙子,再套一个姑娘等,最后是一个婴儿。

以前,俄罗斯就有木制的套苹果,还有复活节彩蛋。当时的复活节彩蛋是一个王冠,套着一只母鸡,母鸡套着一个蛋,蛋里套着一个蛋黄。所以说,套娃是有非常浓郁的俄罗斯风情的。

那俄罗斯套娃和微童话创作有什么联系呢?

先来看一则故事《半个南瓜》。

以前有位老人家,无儿无女,孤单单地在山间搭个草棚,靠种山过日子。

春天,他种株南瓜,到秋天才想到摘瓜。只见满山是藤叶,看不到一个瓜。

他顺藤去寻瓜,爬了不知多少冈,趟过不知多少溪,才在一个山头上寻着一个大南瓜。那个瓜呀,真大,推也推不动,大得就像一座大屋。

老人家挠挠头,没办法。这时,来了一个白胡子老头,说:"推不动,剖开它!"

老人家说:"没这么大的刀啊。"

白胡子说:"我有锯子过山龙。"

两个老人拉着锯子过山龙,锯了半日,才把南瓜锯开。

老人家说:"半个南瓜还是推不动啊。"

白胡子说:"不慌,不慌,我有办法。"

白胡子憋足气,用力一推,把南瓜推到山下河里。半个南瓜恰像一条船。

老人家砍了一株树，摘去树叶当桨用。正要开船，一个戏班来了。

掌班问："老人家，我们走不动了，搭你船，船钱好说。"

老人家让戏班上船。戏班有二三十个人，十来个戏笼，统统搬上船，也只占了船的一个小角落。

开船了。掌班说："这船很空。我们整天做戏给别人看，今天没事干，就自做自看，乐一乐，怎么样？"

大家都说好。于是，大家马上动手，勾戏脸的勾戏脸，穿衣裳的穿衣裳，敲起锣鼓，拉起琴……

这时，一尾白条鱼正饿得慌，看到这半个南瓜，一张口，整个吞落去。料不到空中有只老鹰，一冲冲下来，把白条鱼吞了。老鹰很得意，一飞飞到南山。南山住着一个老奶奶，正开窗梳头。老鹰一不小心，一钻钻到老奶奶的耳朵里。

老奶奶耳朵痒，就叫孙女："小英，我的耳朵嗡嗡响，你拿把锄头到我耳朵里扒一扒。"

小英走进奶奶的耳朵里，一看，是只死的老鹰。

奶奶说："死老鹰杀了好配饭。"

杀了老鹰，看到白条鱼。

奶奶说："白条鱼也杀，一起烧。"

剖开白条鱼，看到半个南瓜，还有许多做戏人。戏正唱到三出，正本还没开始哩……

这则民间故事，是不是像极了俄罗斯套娃？

老奶奶"套"老鹰，老鹰"套"白条鱼，白条鱼"套"南瓜，南瓜"套"做戏人，一个套一个，然后又解开来。

这个"套"字，是俄罗斯套娃与微童话创作联系起来的关键，它可以是一种文学创作结构。再来看一则微童话。

退休的魔法师

文/戴达

魔法师要退休了。他要脱胎换骨。他把双脚卸下来，把屁股卸下来，把腰卸下来，接着又把头卸下来。没有了脑袋的他无法卸下手臂。他又把头装上，腰装上，屁股装上，双脚装上。恢复人样后，他重头来过，先卸下一条手臂，可是他无法卸下另一条手臂。唉，他决定不退休了。作为一名魔法师，他知道自己远未合格。

在这则微童话中，魔法师卸脚、屁股、腰、头，然后又把它们装回去，是不是像俄罗斯套娃一样？虽然不是“套”，但是，他一个一个卸下来，又一个一个装上去，道理还是这么个道理。

在生活中，或许你也遇到过这样的事，做错了一步，又得一步一步按原样退回去，然后从头再来。

我们可以把它固定为一个故事或一则微童话的结构，称它为“俄罗斯套娃”模式。在这个结构的基础上，我们再去构思，一定能写出特别有意思的作品。

平时，若我们有时间，可以多看看民间故事。古代有许多民间故事流传至今，它们是先人的智慧，历经了时间的淘金，而成为经典，成为宝藏。只要我们有心，便能够从中挖掘出更多的精华，像魔法石一样，给我们的创作带来惊喜。

角色的不可替代性

文/陆生作

作者的奇思妙想、独具慧眼，把角色放在故事中最合适的位置上，这是最好的。作者是导演，演角色需要演员，导演要挑选最合适的演员来表演故事——就像六小龄童是扮演孙悟空的不二人选。

在微童话中，要选一个动物当裁缝，谁最合适？当然是螃蟹，它有大剪刀。选燕子也不错，尾巴像剪刀。

要选一个动物织布，蚕合适。

要选一个动物织网，蜘蛛合适。

以上三个例子，都是从动物本身的特点出发，去选择与它对应的人世间的职业，有点对号入座的感觉，体现出不可替代性，也符合人的思维习惯。

除此之外，还有一种惯例。

比如：森林之王是谁？老虎！因为它头上有个“王”字，它是毛虫里的老大——大虫（武松景阳冈打虎，那老虎就叫大虫）。千百年来，大家都默认了老虎的这一“职务”，约定俗成了。当然，猴子也能当大王，俗语有云“山中无老虎，猴子称大王”，这也是个惯例。

比如：说起南极的动物，首先想到的，就是企鹅。企鹅是南极的代言者，北极熊是北极的代言者。就是说，某种动物或植物，它在人们的印象中，有固定的形象。例如熊，它视力不好，人称熊瞎子，它演瞎子最合适了，本色出演，谁还能跟它抢瞎子这个角色呢？

再比如：中国人称龙的传人，对龙有特殊情感，所以，文学作品中的龙以善良的居多，而西方文学作品中，龙是恶的多——东西方差异，这就有传统因素在里边。

以上举了几个例子，试着说明“不可替代性”。

不可替代性，极具价值。打个不恰当的比方，扫地、打水、看门这类工作辛苦，工资低，但可替代性太强，只要身体健康，勤劳吃苦，都能去干；而搞个创造发明什么的，不是人人都能干的，不可替代性强，价值自然就高。

当然，这里也有两说，有人爱青菜，有人爱萝卜，各有所好，自己觉得好的就是好的。比如:我想吃个橘子,你给我一篮子香蕉也没用——不是多跟少的问题,而是有跟无的问题。——但是,这些都是个人主观好恶。

而写微童话,选角色,创作出一个作品,它是要引起大家的共鸣的。就是说,为故事恰当合理地选择角色,是能为故事锦上添花的。当角色与故事融为一体,读者是会拍案叫绝的。

来看一则微童话。

爱心牌的兔毛衫

文/盛子潮

小刺猬的妈妈前几天去世了,小兔子很想接小刺猬来家里玩。兔妈妈说:"小刺猬身上长着刺,一不小心就会扎痛你的。"第二天,小兔子把自己身上的毛都剪了下来。兔妈妈太惊讶了:"你这是干什么?"小兔子骄傲地回答:"我要用兔毛给小刺猬织一件兔毛衫,小刺猬穿在身上就不会扎痛我了。"

看完了这则微童话,我们要关注两点。

第一点:小刺猬不可替代。

想一想,小刺猬这个角色能替换吗?

我问过不少学生,他们说,可以把小刺猬换成穿山甲、鸡、鸭、鹅、狗、猫等其他动物。

说实话,这些答案都可以放进故事里,读起来也通顺,乍一听,故事也感人。但是,学生们之所以会说出这些答案,是没有关注到这则故事情节发展的内因——小刺猬的刺。

这些答案反映出学生对故事角色的选择并不是那么在意,他们更注重情节,故事发生在谁身上都是故事啊!但是,如果一篇写小狗的文章,把小猫替换进去,文章照样成立,只能得出一个铁打的结论:写得不够好。就像描写一个人,长两个鼻孔、两只眼睛、两只耳朵、一张嘴巴,这人是谁啊?没法知道,因为大家都是这样的。

继续讨论:小刺猬这个角色能替换吗?

学生们总会想到豪猪!因为豪猪也有刺,与刺猬一样。讨论到这里,他们已经抓住这则微童话的关键点,即不可替代的地方。

再讨论:豪猪与小刺猬相比,哪个更适合故事中的角色呢?

学生们异口同声地回答:小刺猬更合适!

想一想,小兔子身上那些毛,够给豪猪织一件衣服吗?不够啊。

再者,豪猪的形象与小刺猬的形象,哪个更具有童话色彩?当然是小刺猬,这是读者喜好的一种倾向。

选择微童话的角色,要抓住它的特点,做到唯一性。因为微童话篇幅短小,角色的一个特点就足以撑起一个故事。而写长一点的童话,也可这么去做。作家冰波的《长颈鹿拉拉》可当教材参考。

第二点:童话即生活。

小刺猬和小兔子是好朋友,把它们换成两个人名,就是人与人之间的故事了。人与人之间,类似小刺猬和小兔子的故事,多了去了。从中也可看出,微童话是真实的;还可看出,微童话的创作,是对生活的一种翻译。

写微童话要用“经验”

文/陆生作

微童话创作是对生活的一种翻译。真实的生活，可以翻译成微童话、小说、戏剧、诗歌……即通常所说的，源于生活，高于生活。

在翻译的过程中，经验很重要，翻译要讲究“信、达、雅”；经验运用，要做到“兵来将挡、水来土掩”，或者说做到“无缝对接”。

经验从哪里来？

最直接获得经验的途径当然是经历。比如：一次去捅马蜂窝，被马蜂追着跑，被蜇了好大一个包，疼痛难忍。虽然这样的经历只此一次，但从中得到的经验可以运用无数次。无论角色是谁，作者让他表演被马蜂蜇了，调动感官演起来，肯定是逼真的，感同身受的。

其次，经验可以是听来的，看来的，甚至做梦梦来的。比如：你的屁股后面追来一只老虎，你跑不跑？当然跑，老虎吃人啊。可你以前被老虎追过吗？我想是没有的。那你为什么跑啊？因为你在生活中获取了经验，可能是新闻，可能是书本，可能是奶奶的故事。

有了经验，继而运用经验，真实的世界就能够与童话世界连接起来，也就是说，经验是连接这两个世界的桥梁。

举个例子：你是一个医生。一天，你走在路上，突然前面一个人晕倒了。你上前一看，原来病人发病了，得先急救——心脏按压、人工呼吸、喂颗急救丸等等，同时，要拨打120，然后救护车来，把病人送去医院救治。

这是发生在真实世界的事情，能翻译成微童话吗？当然。请看。

蚂蚁急救队

文/陆生作

苍蝇吃了脏东西，肚子痛，倒在地上，挡住了小蚂蚁的去路。

小蚂蚁动动触角，咬了苍蝇一口，急急忙忙跑走了。

一会儿，一条黑线从墙角洞里爬出来，越来越长，把苍蝇捆了起来。

是小蚂蚁！它引来伙伴，齐心协力把苍蝇抬进洞里去了。苍蝇会有危险吗？

不不不，那是医术高超的蚂蚁急救队在救苍蝇呢。

蚂蚁咬了苍蝇一口，不就是急救吗？蚂蚁组队把苍蝇抬回洞里去，不就是120救护车吗？应该说，这样翻译是成功的吧！

虽然在真实生活中，蚂蚁把苍蝇搬进洞里去，那肯定是放进粮食库了，但是，童话么，童真一点，善一点，美一点，于生活就高那么一点点。

当然，某些问题还是要注意的！什么问题？接着看例子。

小蛇救树

文/陆生作

“咔嚓”一声，小蛇惊醒了，是树枝折断的声音吗？他担心了一夜，早早出门一看，积雪很厚，树枝被压折了。小蛇轻轻爬上树，扫掉积雪，把受伤的树枝接起来，用身体一圈一圈越绑越紧，树枝也越来越挺。小蛇真希望树枝能快点好起来，到了春天，树上开满火红的花朵，他要爬上树，闻花香，晒太阳。

在真实生活中，树枝被压折了，弄根柱子顶一下，弄条绳子绑一绑，是常有的事。

又说，一朝被蛇咬，十年怕井绳。

蛇与绳子之间因相像而联系到一起，于是便有了《小蛇救树》这则微童话。但是，这则微童话有一个不合理、不科学的地方。诗人雪野在看过这则微童话后，如是评价：好作品哦！我也常在犹豫，想象与物理（物性）的关系。比如冬日之蛇，如何解决出洞这一“门槛”？是否可以“融通”得更好？

冬天，蛇是要冬眠的，它会出来吗？应该是不会的。要不把蛇换成一条黄鳝？肯定不行，黄鳝上树，缺水而死。

也就是说，在这则微童话中，经验的运用有点儿失败。但，可以把它改好！不把故事发生的时间放在冬天即可，另找一个树枝被压折的原因即可。比如，把它放在一个风雨交加的夜晚，树枝被风刮折了，故事就顺理成章了。

通过这个例子，我想说，经验取之于生活，用之于创作。取，要提炼；用，要精准。

但是，反过来说，童话里都是可能的，蛇就是冬天出洞，那又怎么了。就是这么任性！作家孙建江讲：“物性当然要考虑（物性也包含特殊情况下的物性），但最重要的还是故事内在的逻辑关系，可以是物质具象合理性，也可以是想象的合理性。小蛇一文,冬天缠绕是可以成立的,因为是微童话,只能如此。如果可以交代特殊性(为什么在冬天),以及缠绕以后的发展,这篇微童话会成为另一种景象。”

不过,教小学生创作微童话还是注意一点好,严谨一点好。创作微童话,不仅要注意文学性,也得适当考虑科学性,在能够两者兼顾的前提下,干吗不做得完美一点呢?

总之,多多积累经验,有助于创作微童话。经验不是限定思维的框框,而是打开想象的种子。

“特点”里的微童话

文/陆生作

世界上没有两片完全相同的叶子。这是经典名言。在我看来,它透露出一个消息——每片叶子都是特别的,都是与众不同的,电脑上的复制粘贴除外。不对!即使是复制粘贴,也有个先来后到,还是不同的。

既然是与众不同的,就又有一句名言:你的与众不同之处,才是你的成功之处。想成功,得发现自己的特点、特长,特产也可以。

想把一篇微童话写成功,也得有特点。有了特点,这个特点就是标签,比如:谁撒尿要抬起一条腿啊?狗。民间故事中说,这条狗腿是泥做的,尿是水,会把泥冲坏,所以狗得把它抬起来。扯开一句,杭州话“嘎泥心的”,本是骂人的话,骂人是条狗。据说,狗的心也是泥做的,把狗打晕,放在泥地上,狗能活过来;若放水泥地上,狗就死了。

接着回到正题,找特点:

谁爬过,身后留下一条闪闪发光的路啊?蜗牛。

谁的耳朵长啊?兔子。

谁的鼻子长啊?大象。

谁的脖子长啊?长颈鹿。

谁的身上有斑马线啊?斑马。

谁天生黑眼圈啊?熊猫。

谁的屁最臭?黄鼠狼。

……

如果在动物园里,喊一句:“那个长脖子过来!”长脖子是谁啊?长颈鹿,它就走过来了。再喊:“那个长鼻子过来!”长鼻子是谁啊?大象,它就走过来了。在某些情况下,特点就成了名字,一说出来,就知道说的是谁。

比如:《西游记》里有这么一句话:

> 那小妖奔至前门,从那打破的窟窿处,歪着头,往外张,见是个长嘴大耳朵,即回头高叫:“大王莫怕他!这是个猪八戒,没甚本事……”

这“长嘴大耳朵”,就是猪的特点,这里指的就是猪八戒啊。作者为什么不一开始就说“歪着头，往外张，见是猪八戒”呢？因为这样写没了特点，又与说话重复，就写得差了。

前面讲的这些特点都是与众不同的，与生俱来的。

如果动物园里有七头长颈鹿，喊一声：“那个长脖子过来！”七头长颈鹿都是长脖子，谁过来呢？不清楚。如果刚好有一头长颈鹿近视眼，戴着一副眼镜，而其他都没戴，喊一声：“那个戴眼镜的长脖子过来！”那它就过来了。

也就是说，戴眼镜也能变成一个特点了。这个特点是后天的。

抓住了特点，就能写出微童话。

到此一游

文/何澄宇

小猪出门玩儿，总是在泥地里滚出一个个坑，表示小猪到此一游。

小狗去玩儿，总是撒一泡尿，只要闻出这尿骚味儿，大家就知道小狗到此一游。

蜗牛出门不着急，他慢慢地看着这美丽的天空，留下了一道银色的足迹。这就说明蜗牛到此一游。

小朋友出去玩儿，把垃圾带了回来，这是最文明的“到此一游”。

“小猪——滚坑”“小狗——撒尿”“蜗牛——银色足迹”，三个角色，三个特点。这是把特点直接用在了微童话中。

当然，我们还可以把特点化用。请看例子：夏天晚上，月亮高挂天上。端一脸盆水放门口，月亮倒映在脸盆里。猴子捞月，捞的就是月影。如果把脸盆端回屋内，脸盆里还有月亮的倒影吗？当然没有了。

月亮倒影这个特点，可以写个微童话：

脸盆中的月亮

文/斯意

一天晚上，小刺猬正在洗脸，突然月亮掉了下来，正好落在小刺猬的脸盆里。小刺猬高兴极了，拿着脸盆往家里跑。关了灯静静地欣赏着月亮。就在小刺猬马上要睡着的时候，小刺猬忽然听到窗外传来的哭声，它打开窗一看，原来是小鸡找不到回家的路了。小刺猬灵机一动，他把月亮从水里捞出来递给小鸡，并对它说：“我相信你拿着这个，就会很快回到家的。”小刺猬没有了月亮，可它的心里却充满了光亮。

我跟斯意同学交流过,创作这个微童话的灵感,就源于月亮的倒影。而且,她的想象更夸张,从倒影升级到月亮掉下来。这就是我想说的,特点的化用。

千万别用科学的眼光去质疑:月亮本身不会发光啊,月亮怎么能掉脸盆里呢?脸盆怎么装得下月亮呢?……这样的质疑,无疑是鸡蛋里挑骨头。

斯意是六年级的小学生,她写的这个微童话可以与作家媲美。

请看作家的微童话。

萤火虫和星星

文/冰波

月光是一条温柔的河。萤火虫开始飞舞,飞着飞着,它们竟然在天空里迷路了,只好和星星们待在一起,变成了星星。萤火虫变的星星和别的星星一样,忽闪着淡淡的光。但是,要是它一不小心掉下来,掉到草丛里,它们又会变成萤火虫。所以,有一些星星是萤火虫变的,有一些萤火虫是星星变的。

宝石狗

文/安武林

一颗星星落在草丛里,被一条黑狗吃了。黑狗马上变成了闪闪发光的狗。在小村里,大家都叫它宝石狗。有一天夜里,一只饿狼想在村子里找点吃的,被宝石狗发现了。宝石狗勇敢地向狼扑去,狼号叫一声就跑了。狼一边跑一边喊:"村里有大怪物啊!"从此,任何一个猛兽都不敢来村里了。

月亮能从脸盆里捞出来,当灯笼,照夜路;星星变萤火虫,萤火虫变星星;黑狗吃了落下来的星星。这些都是抓住了月亮、星星、萤火虫的特点。去发现特点吧,然后,把它变成好玩的微童话。

写微童话怎么选材

文/陆生作

不知是谁说的:写什么永远比怎么写重要。这句话,并没有说“怎么写”不重要,“怎么写”当然很重要。比如:曾国藩的上书,“屡战屡败”跟“屡败屡战”,大不同吧?比如:走前门,遇见一大老虎,赶紧回头走后门,后门碰上一匹大灰狼,怎么办?夺门而走!如果换一下写法——走前门,遇见一匹大灰狼,赶紧回头走后门,结果,后门碰上一只大老虎,怎么办?还是走前门吧。这“先虎后狼”与“先狼后虎”,效果不一样吧?

所以说,怎么写是有讲究的、很重要的。

但是,写什么,相对来说更重要些,毕竟朽木不可雕也,而琢玉能成器。

如果拿一段虫蛀了的木头给雕刻师,让他怎么雕?技法再好,也没处施展。

如果拿一块璞玉,碰上一位雕刻大师,那是可以惊天地、泣鬼神的。和氏璧就是一个很好的例子,制成传国玉玺代代传。

和氏璧这个故事,同样告诉我们:要慧眼识珠啊!

选材也是这样,要慧眼识珠!

来举个例子:有一个题目“蛋”。

我们罗列三组蛋:

第一组:鸡蛋、鸭蛋、鹅蛋、鸟蛋、海龟蛋、恐龙蛋、壁虎蛋……

第二组:马蛋……

(马不是胎生吗?也有蛋?故事可以这么写,在民间故事中,冬瓜是马蛋。)

第三组:笨蛋、乌龟王八蛋……

(王八是真有蛋,但已经被上面海龟蛋代表了,这里专指骂人俗语。)

写蛋,当然可以写第二组、第三组的蛋,那是对题意的不同理解,不在本文讨论范围,有机会另论。在此,单论第一组。

鸡蛋、鸭蛋常见,写个海龟蛋,肯定比鸡蛋、鸭蛋更有吸引力。那写恐龙蛋呢?更特别一点了,因为生活中恐龙蛋也难得一见,还都是化石。

再换个角度,这些蛋都是可以滚来滚去的。如果有一种蛋,是粘在墙头、石壁上的,是不是更稀奇了?有没有这样的蛋呢?有!壁虎蛋!

写个壁虎蛋，就更新鲜。一是好多人都不知道壁虎有蛋，二是它粘在墙头、石壁上，与众不同。

所以，“蛋”这个题目，从选材上说，写壁虎蛋更好。请看微童话。

壁虎生蛋

文/陆生作

壁虎要生蛋了，她很紧张。

在地上挖个坑，把蛋生在坑里，用土埋起来，像鳄鱼一样？万一有大脚丫不小心把蛋踩扁了呢？

在树上做个窝，把蛋生在窝里，像鸟一样？万一有大风把窝吹掉了呢？

壁虎想来想去，把蛋生在了房顶的墙角，还请蜘蛛结了张网。蛋粘在墙角，没大脚丫，没风，有保护，壁虎放心了。

（这则微童话中，还藏着一个写作技法，微童话的“假动作”，以后另讲。）

写壁虎蛋固然好，那能不能写鸡蛋呢？当然能，只要开动脑筋，也能写得很好。请看微童话。

小鸡和石头

文/陆生作

鸡蛋里住着一只小鸡，它还没有出壳，就忍不住要出去玩。

滚啊滚，碾过了小草；滚啊滚，撞疼了花枝；滚啊滚，“咔”一声，它撞上了一块石头，蛋壳上撞出了一道裂纹。这回，它可不敢再乱跑了，乖乖在鸡蛋里睡觉，呼噜，呼噜。

石头却忙坏了，整天守着鸡蛋，前后左右不停地滚，越滚越圆。

直到那一天，小鸡醒了，啊，该出壳了，它轻轻松松就啄破了蛋壳。石头高兴啊，小鸡更高兴，它们一个滚，一个跑，快乐地玩在一起。

微童话的选材，就讲这么多。我想说的是，选材好，能省三分力，这是“写什么”；选材一般，多花点力气，也能写好，这是“怎么写”。

写什么，怎么写，都重要。“玉不琢，不成器。”玉是选材，琢是写，器是作品。

故事的种子：怎么引导学生写好微童话

文/陆生作

2017 年 3 月 29 日，约好中午去长江实验小学给三、四年级的部分同学做讲座"故事的种子"。结果到错了校区，等我赶到教室时，时间只剩 25 分钟了，完全打乱了之前的准备。所以，只好随机应变，在路边捡了一片樟树叶，课也就这么上了，效果挺好。这片樟树叶，就是故事的种子。

讲座最后，还留了 2 分钟给同学提问。其中一个问题，让我印象深刻："陆老师，为什么我们讲出一个想法，你就能把它变得更好？"

能提这样的问题，出乎我的意料，也说明这位同学在课堂上是认真参与其中，并且自己是有思考的。我问他："老师小时候认识字吗，会写作文吗？"

他说："不认识，不会！"

"对啊，老师也是读过三年级、四年级的，读书的时候，不能光读，还要思考，一点一滴积累，那就能做到老师这样——把一个想法修补得更好。"

接下来，我分析其中一则故事，看它是怎么在师生对话中愈来愈好的。

我问同学：一片叶子漂在水面上，像……还没等我说完，他们就说出了"船"。之前讲了叶子的特点与用途，他们已经完全掌握了。我接着问，是谁的船？说得最多的就是蚂蚁。因为他们考虑到叶子很小。虽然他们这样的考虑是一种构思的局限，难道故事中的叶子必须跟现实中的叶子一样大吗？但是，他们这么考虑，至少说明他们在努力把故事编得合理。于是，就定下了，叶子是蚂蚁的船。故事有了：蚂蚁不小心掉进了河里，恰好漂来一片叶子，蚂蚁爬上去得救了，还划到了河对岸。我说，能不能把故事变得有意义一点？马上有同学反应过来，说，这叶子来得太凑巧了。我表扬他，鼓励他设计出一个更好的故事情节。但在童话故事中，就可以这么巧，想睡觉就来了个枕头，"巧"是一种方法，它与故事的意义并没有多大关系。三、四年级的同学显然对这个问题没有很好的思考，而且时间也比较紧张，所以我说，如果我来编这个故事，会这么编：蚂蚁落水，喊救命，大树大手一挥，甩出好多片树叶，飘到水上，蚂蚁得救了。这叶子不是恰好漂来的，而是大树甩出去的，哪个更有意义一些？大家一致认为，当然甩出去更好，这里边有一种"主动地助人"。这是这个故事的第一次改变。

接着我问,蚂蚁为什么会掉水里?

同学答,因为蚂蚁要过河。

蚂蚁是怎么过河的?鸭子出现了。蚂蚁从鸭子身上滑下去了。我提出疑问,那鸭子没有救蚂蚁吗?后来蚂蚁是靠叶子船到河对岸的。这中间,怎么让故事情节变得合理呢?于是,鳄鱼出现了。蚂蚁在鸭子背上,鳄鱼出现,鸭子吓得逃走了,蚂蚁落水了。角色的加入,这是故事的第二次改变。

接着我又问,蚂蚁落水,直接就上叶子船了?中间能不能再多一个帮助蚂蚁的朋友?于是乌龟出现了。但乌龟的出现,注定只是个过程,因为后边还有叶子呢。所以,一个浪打过来,蚂蚁从乌龟背上掉下去了。危急之下,大树出手了,甩出了好多树叶。这是故事的第三次改变。情节有了一波三折,一鸭子,二乌龟,三叶子。

第二天,我看到了同学的习作,挺好。这回,他给出了蚂蚁去河对岸的动机,还给蚂蚁取了名字,很棒!

叶子小船

文/姜车

从前,在一条河旁边,有一个蚂蚁洞。有一天,蚂蚁小豆出来晒太阳,它嗅了嗅,闻到了河对岸的一大块“美食”,便下决心把它带回家。可是没有小船怎么办呢?小豆正苦恼着,突然,一只鸭子游了过来,小豆喊道:“鸭子,你能帮我到河对岸去吗?”鸭子点了点头,小豆便爬到了鸭子的背上。一条鳄鱼悄悄潜了过来,鸭子看到了,慌了神,赶紧游到岸上。小豆掉了下来,刚想喊救命,一只老乌龟游了过来,小豆游到它背上,登上了“乌龟船”。这时又一个大浪打过来,小豆被打了下去。“救命救命!”小豆的呼喊惊醒了树叶们,树妈妈急忙甩下一片树叶,帮助小豆安全地到达了河对岸。

另,杭州市余杭区安吉路良渚实验学校的张青青老师分享了一个教学故事,是关于如何引导学生写好微童话的,也很好。

昨天拿给我看时只写到飞蛾受伤了。

我问她:“受伤了怎么办?”

摇摇头。

“你受伤了,会找谁?”

“校医。”

“嗯，想想看飞蛾。”

……

于是这位同学写出了这样一篇微童话：

爬呀爬呀

文/闻学琪

蜈蚣爬呀爬呀，看见飞蛾受伤了。蜈蚣问飞蛾：“你怎么了?”飞蛾说：“我被叶子划伤了。”蜈蚣说：“我去找蜘蛛帮你补好。”蜈蚣爬呀爬呀，看见蜘蛛。蜈蚣说……蜘蛛说：“你找我干吗?”蜈蚣说：“飞蛾受伤了。”蜘蛛和蜈蚣爬呀爬呀，一眨眼，就到了。蜘蛛修好了。

这是一年级的写作者，原文中很多拼音。她的讲述是“结果”型的，缺少“过程”，有枝干，少叶子，但故事已经有了。这就是我说的“教作文从大处入手”。“写作文从小处着眼”，蜈蚣、飞蛾，可以编出一个故事来。

在老师的启发下，一年级同学能写出这么长一个故事已经很好了。如果再加点内容，可以点出“蜘蛛吐丝修补”，这样蜘蛛的特点就明显了。

这位同学写得好，少不得老师问得好：“你受伤了，会找谁?”

写的是童话，但其本质，写的还是我们的生活。写作时，有代入感：如果我就是那条蜈蚣，会怎么办呢？自己代入进去，表演下，感受下，身临其境，这样就能写得真。我提“聪明作文”12个字，最后两个就是“表演”。写作是一种表演。

如果老师们有这样的教学故事，是应该保存起来的，很有价值。

微童话的平常与特别

文/陆生作

这一篇，是由讲座内容整理而成的，主要观点是以下四条：

1. 不是因为“特别”才写，而是写了才特别。

2. 想象是一种无知，童话是一种“曲解”“误会”：微童话有生活的影子。

3. 抓住事物的特点：角色物性+人性，具有不可替代性。

4. 写什么，源于生活。什么都能写，写作材料无处不在，什么都可能是写作触发点。

（一）

小猫钓鱼。故事中，小猫换成小明也可以，将“猫妈妈带着小猫在河边钓鱼”改成“小明爸爸带着小明在河边钓鱼”，故事依然是成立的，寓意也不会减少。也就是说，猫在这个故事当中并没有太突出角色特点，只不过是小猫爱吃鱼，然后猫去钓鱼，再加上小朋友喜欢小动物，所以才觉得小猫合适。除了这两点外，其他没啥作用。

平常跟特别：不少学生，作文不知道要写什么东西，好像只有逮到什么特别的东西了，他们才能写出作文来。这样的话，要写点东西就很困难了。习作教学要打破这种模式、惯性，要让学生知道，写任何事物都能写出很棒的作文。

（二）

有这样一张照片，上面是一只蚂蚁跟一只苍蝇碰在一起。我看到这张照片，编了这样一个微童话：苍蝇吃了脏东西，肚子痛，倒在地上，挡住了小蚂蚁的去路。小蚂蚁动动触角，咬了苍蝇一口，急急忙忙跑走了。一会儿，一条黑线从墙角洞里爬出来，越来越长，把苍蝇捆了起来。是小蚂蚁！它引来伙伴，齐心协力把苍蝇抬进洞里去了。苍蝇会有危险吗？不不不，那是医术高超的蚂蚁急救队在救苍蝇呢。

这个故事的结局,跟真实生活是相反的。生活中肯定是蚂蚁把苍蝇给吃了。但是童话偏爱真、善、美,所以把结局与生活反一下,有点意料之外。尽管没有多大的意义,写作不以立意取胜,文字及藏在文字里的情感就已经很美了。写作是个技术活,用怎样的句子来讲故事,是有技术的。

这个故事看起来是个童话,也确实是微童话,但其实它是有生活原型的。比如说,一个人在路边晕倒了,要不要先急救一下?急救的同时拨打120,然后救护车来了,把他运到医院去治疗。整个的过程跟这个故事是一样的——蚂蚁咬苍蝇一口相当于急救,蚂蚁兄弟搬苍蝇回洞里相当于急救车运到医院去治疗。在写童话故事时,既是真实的(比如蚂蚁与苍蝇是真实存在的),但又产生一种误解,而且跟生活当中某些事情是相关的——把它们重叠起来,然后就产生了一个童话故事。——可以在生活当中找到很多这样的例子,某些相像的东西,把它们凑起来,就有童话故事的感觉。

这里还可以有不同的多种"误解"。比如,蚂蚁在帮苍蝇修补它的翅膀。

有一回,有个幼儿园的小朋友跟我说:苍蝇会飞。蚂蚁想上天。苍蝇飞走了。蚂蚁哭了。这个故事是从苍蝇的角度去看的,抓住了苍蝇的特点,会飞;前面的故事是从蚂蚁的角度来写的,抓住了蚂蚁的特点,团结。它们侧重点不同。

再来一个五年级同学的构思。他抓住了角色之间的特点,对比之下,蚂蚁小,苍蝇大。那么,故事就来了,"想个办法"把它们的大与小用进故事中。

小和大

文/吴泽同

有一天,巨大而又强壮的苍蝇飞进了窗台。过了一会儿,又爬上来一只细小又瘦弱的蚂蚁。苍蝇见到了蚂蚁,说:"瞧!你这么小的个子!爬得有我快?飞得比我高?还想在这里混?"蚂蚁慢条斯理地回答:"小也有小的好处呀!""啪"的一声,一个拍子落在了苍蝇身上,而蚂蚁却从缝中钻了出来。

这个故事是有真实生活情景的,谁还不知道苍蝇拍啊,"啪"的拍它一下,我小时候就经常这么玩,拍了苍蝇喂蚂蚁,看蚂蚁搬家。这个同学,不仅将生活场景变成了童话故事,还用这个微童话讲了一个道理。

这张苍蝇蚂蚁图,在上面就有四个想法:蚂蚁救苍蝇(急救队);蚂蚁修补苍蝇的翅膀;蚂蚁想上天;苍蝇被拍死,蚂蚁钻出来了。

平常要训练自己,看到一个东西,怎么从童话角度把它写出故事来。等你写出来,这个东西就特别了,它是有故事的东西了。

（三）

在透明玻璃杯里养绿萝，很平常，办公室、教室、家里，都可以养。想个什么办法让它变得特别一点呢？如果放一条金鱼、泥鳅、小房子、石头、贝壳……是不是就不一样起来了呢？

绿萝的脚

文/陆生作

绿萝长在土里，它问蚯蚓："我的脚是绿的吗？"蚯蚓笑了："土里没有光，东西都是黑的。"绿萝想：黑的脚？难看，幸好看不见。一天，绿萝被剪了，插进透明玻璃杯。它哭了："我的脚！"金鱼安慰它："不用哭，住水里，脚没用。"绿萝真信了。不过，它很快就知道了："我的脚是白的，它有用！"

绿萝很常见，但我写了这个微童话之后，它就变得特别了，至少我书桌上透明玻璃杯里的那株绿萝变特别了。

绿萝的特性就是剪断后放到水里就会长出根来，角色具有唯一性。

我看到某一张照片的时候，上面只有一个东西，那我能不能增加个角色，让它们"演对手戏"？这样，这个故事就能轻松地继续下去，故事内容也会有变化。就像《西游记》一样，碰到了一个妖怪，又来一个妖怪，可以一直写下去，那是一个写到停不下来的故事，可以是一个永远写不完的故事。比如，小蚂蚁去送信，它会遇到哪些角色呢？同学会说，会碰到蜗牛，下雨了可以躲雨；会碰到萤火虫，天黑了可以照亮；会碰到毛毛虫，因为毛毛虫会飞，可以带它飞；会碰到乌龟，可以运蚂蚁过河……

同是这个绿萝的故事，有个小朋友说，老师，绿萝的根不是白色的，是棕色的。——发现了问题，有问题的地方，就有故事，就有创意！问个问题：绿萝的根为什么不是白色的呢？那肯定是时间长了，上面积了脏东西。——这个想法，还是停留在真实生活当中，没有进入童话世界。

怎么进入童话世界呢？你要用相似性的地方去重叠。前面说过，把绿萝的根看作绿萝的脚，马上就有人想到，脚上可以穿鞋子。但鞋子很短，换成靴子？还是不够长啊。绿萝的根，整一条都是棕色的。有个女生就说了，它穿了长筒丝袜啊。童话的感觉是不是马上就出来了？穿袜子的绿萝！这个就变成了一个很有意思的故事。——只要想到了，故事就与众不同了。这个"想到"是很难的，佳作本天成,妙手偶得之;这个“想到”就是灵感。写作的灵感来了,不仅要有写作的能力,还要有写作的状态。写作还真需要一鼓作气的精神状态,否则,再而衰,三而竭。

(四)

在平时生活中,有意无意地去观察。

世界上没有完全相同的两片叶子,叶子之间都有不同,更不要说其他了。每样东西,都有特点,找到这个特点就可以编出故事。有人理解,蝴蝶会飞是个特点,这只蝴蝶飞,那只蝴蝶飞,这两只蝴蝶在飞这个特点上是一样的。确实一样,但是,想一想,这只蝴蝶飞的故事,和那只蝴蝶飞的故事,也必须一样吗?没这么规定吧。

找到了特点,可以找到这个特点的来源,这个特点是怎么来的,通过一个怎么样的故事获得的,这个方法叫“倒着编”。以前有的,现在没有;以前没有,现在有;怎么没的,怎么有的,这中间肯定发生了一个故事,可以构思下写出来。

还可以把思维再放大点:刚才在笑,现在在哭,为什么?中间发生了一个故事。刚才在跑步,现在躺下了,为什么?中间发生了一个故事……“倒着编”其实本是“反义词”。

壁虎生蛋

文/陆生作

壁虎要生蛋了,她很紧张。在地上挖个坑,把蛋生在坑里,用土埋起来,像鳄鱼一样?万一有大脚丫不小心把蛋踩扁了呢?在树上做个窝,把蛋生在窝里,像鸟一样?万一有大风把窝吹掉了呢?壁虎想来想去,把蛋生在了房顶的墙角,还请蜘蛛结了张网。蛋粘在墙角,没大脚丫,没风,有保护,壁虎放心了。

我写这个故事,是找了一个特别的蛋,壁虎的蛋,而且是粘在墙上的。我小时候见过。

这个故事来源于生活,生活当中就是这样把蛋生在墙上的。

前面几个故事,其实是人性跟物性的结合。童话故事为什么要有人性?故事是给人看的,必须要有人性。为什么要有物性?因为是借助于物来表现人性的。因为借助于物,空间比较大,一旦选择了这个物,它有特性,它就有不可替代性,就很独特。比如壁虎把蛋生在墙上,你选什么角色呢?只有壁虎是这样的,这样就变成了唯一性,也就是角色的不可替代性。

当然也可以把蛋换成平常一点的，比如鸡蛋、蛋壳等。冰波老师就写了一个很好的故事《蟋蟀的小屋》。蛋壳可以当碗、小船、雨伞、头盔、蟋蟀的小屋等，每一个都符合蛋壳的形象，具有唯一性。

> 有一大虫，欲向野中觅食，见一刺猬仰卧，谓是肉脔，欲衔之。忽被猬卷着鼻，惊走，不知休也，直至山中，困乏而眠。刺猬乃放鼻而走。大虫醒，甚欢喜，走至橡树下，低头见橡斗，乃侧身语云："旦来遭见贤尊，愿郎君且避道！"

这篇古文叫"刺猬与橡斗"。因为它，橡斗这个植物的形象，突然有了一个动物的形象。《刺猬与橡斗》不也是一个很棒的微童话吗？

作文怎么构思

文/陆生作

构思是什么意思？试着按“构＋思”来解释。

构，指作文的结构，先写什么，再写什么，想表达什么——有神，有形，神形兼备。而且，这个结构是完整的，就像一条完整的鱼骨头，不可残缺。

思，指思考，思维，“心”上有块“田”，“田”分成了四块，这里种什么，那里种什么，已经想清楚了。

按上面的解释，“构思”二字偏名词化，说句大白话，构思就是作文的提纲。（粗线条。）

构思本是一个思维过程，列出来的提纲表现了构思。所以，构思更是一个动态变化的过程。（包括细节、角色形象——在粗线条下的塑造、修修补补。）

以微童话《桃子秤砣》为例，谈谈当时的构思过程。

桃子秤砣

文/陆生作

春风轻轻吹来，桃树浑身痒痒。桃花钻出来看，痒得笑红了脸。好心的蚂蚁排着队，在桃树身上爬来爬去挠痒痒。可越挠越痒，桃叶也忍不住钻出来看个究竟。谁知春风带来了暴雨，桃花落了一地，桃树摇摇欲坠，难道要被刮走吗？桃子及时钻了出来，桃树全身挂满了绿色的秤砣，稳稳当当，不怕风雨。

为什么写这则微童话？触发点是，看见蚂蚁在树干上爬来爬去。它们在干什么呀？心里有了一个比喻句，它们在帮桃树挠痒痒。有这个想法，很得意，蚂蚁那么轻，一定越挠越痒——这也是我的想象。不信你抓只蚂蚁在手心里爬爬，痒不痒？虽是想象，但来源于生活感受。

当我们身体某处被蚊子咬了，痒了，我们会去看、去拍打、去挠。那棵树痒了，会怎么办？把树拟人化，它当然也会像人一样去处理。

选择桃树作为主角，因为它的生长有点特别，先开花，再长叶，再结果。这符合“三打白骨精”“三顾茅庐”“三打祝家庄”等故事的“1 - 2 - 3”套路。

于是，春风也来了。春暖花开时，风吹来是有点痒兮兮的。而桃花恰好粉红，比喻笑红了脸，顺理成章。且自然接上了蚂蚁这个角色，桃叶也就用上了。就像一家人在家，有人敲门，“小白，你出去看看”，小白出去了，没回来；“小黑，你出去看看”，小黑又出去了……有这样子的感觉。

如果桃子再来用“挠痒痒”这个设置，就太多了。故事需要一个转折，所以要设计一个困难。设计什么困难呢？从桃子的特点入手，像秤砣。秤砣是稳稳当当的，什么情况下需要稳稳当当呢？风雨飘摇的情况下。于是，一场暴雨就来了。这就是我之前一直在强调的“证明”——风雨飘摇，证明了桃子秤砣，把桃子派上了用场。

设计一场暴雨，不仅是故事的转折，也是春天的一个真实场景。

这则微童话就这么写出来了。

这就是我的构思过程。大体上只是一个故事情节和角色形象的设计。

其实，立意也该在构思之中，也就是写作的一个目的。构思，似乎也可以用“设计”这个词替代。设计，得考虑大局，也得计较小处。

怎么打开学生的写作思路

文/陆生作

曾经写了一篇《一片叶子怎么构思童话作文》,不少读者反馈说很好用。如果我拿“一片叶子”去上课,让学生写童话,怎么打开学生的写作思路呢?

我觉得,关键在于引导,引导学生走进童话世界,而且引导要由浅入深,由易到难,由简到繁,做出梯度来,让学生拾级而上。虽说童话的世界是能飞的、天马行空的,但要明白其背后的思维逻辑是循序渐进的。

有同学问我:省级的征文比赛,为什么那些获奖作品我看不懂?言下之意是,我看不懂的作品怎么获奖了?——这不是别人的问题,而是这位同学自己的问题。我小时候觉得《红楼梦》不好看,怎么会是经典呢?现在才觉得曹雪芹真厉害。这里边有一个循序渐进的过程,急不得的。写作也是这样,在构思上由简入难,让学生拾级而上,还怕写不出好作品?就像让小学生读“郑伯克段于鄢”这六个字,就是六个字啊,还想咋的?等长大一点,就知道这六个字叫春秋笔法,里面能讲好多东西出来。

用一片叶子去上童话课,我的问题分几个阶段。

第一阶段,真实世界转入童话世界。

秋天到了,好多人会去捡落叶,我上班的时候路过万向公园,就看见好多人在捡银杏叶,黄黄的,像折扇。同学们,秋天里,你会去捡落叶吗?捡来干吗呢?

这时候,学生一定会给出答案,比如:做书签,拼图画,等等。但我猜,难得会有学生想到用叶子写信,因为此时他们的思维还在真实的世界中,没有进入童话世界。这时我需要把他们的思路引入童话世界——古时候,有个书法家叫怀素,他写草书很厉害,他小时候就在芭蕉树的叶子上练字。在这个故事里,芭蕉叶就像一张纸,对不对?我们把叶子捡回来,是不是可以在上面写几句话,寄给好朋友?如果一条毛毛虫想在叶子上写一封信寄给好朋友,它会怎么写?它是不会写字的哦。开动脑筋想一想,毛毛虫会怎么办?

这时候,就算进入童话世界了,学生一定会帮毛毛虫想出好多办法来,其中一定有用嘴巴咬。学生找到毛毛虫能拿来写信的特点,自然就可以引出童谣:

写字很有用

文/方素珍

小虫写信给蚂蚁
他在叶子上
咬了三个洞
表示我想你
蚂蚁收到他的信
也在叶子上
咬了三个洞
表示看不懂
小虫不知道蚂蚁的意思
蚂蚁不知道小虫的想念
怎么办呢?

上面的童谣用到的叶子,不过是个道具,也就是说“叶子本身是没有生命的”。接下来,借叶子上有洞这个点,深入下去,拟人化,让叶子有生命。

有洞的叶子很常见,可能是虫子咬的,也可能是烂掉了。如果一棵树上有一片有洞的叶子,它的旁边是一片完整的叶子,下雨了,黄豆大的雨滴打在它们身上,会发生什么故事呢?

在学生回答问题之后,自然引出下面这则微童话。

两片叶子

文/陈巧莉

树上有两片叶子,一片很伤心,一片很得意。瞧,那片伤心叶被虫咬破了一个大窟窿。一天夜里,天下起了很大的雨,雨点打在叶子上,伤心叶倒没什么,得意叶却被打得没了力气。第二天,伤心叶醒了,枝头却不见得意叶的身影。老树摸摸长长的胡须说:“原来太完美的叶子容易受打击。”

第二阶段:童话故事复杂化——加角色。

学生的思维进入童话世界后,就开始产生故事。但故事总有生活的影子,所以学生不自觉地会在真实世界和童话世界之间切换,这才是构思的最好状态。写童话,最好是人性与物性的匹配,合情理,又新奇。

上面的《两片叶子》中，叶子已经是一个生命了，或者说叶子已经是一个人了。但整个故事还在植物界环境中，现在我们要让动物参与进来。角色一旦增多，故事的可能性就增多，选择性也增多，可看性会增强。

读了《两片叶子》后，我们发现太完美有时候也并非好事。但是，爱美之心人皆有之，我们总是要追求美的。比如，我喜欢银杏叶，像折扇，看起来很美，但我不喜欢梧桐树的叶子，有点像一只手，丑，还有点尖。如果问同学们喜欢什么树叶，不喜欢什么树叶，为什么，这时学生一定会讨论。讨论是在真实世界，然后向童话世界切换。

在我们的生活中，有很多人做过整形手术，比如鼻子有点塌，垫高；眉毛太淡，文眉。那么，如果有一片叶子觉得自己不好看，它该这么办呢？比如，她本来是个圆脸，想变成鹅蛋脸，找谁做整形手术好呢？同学们讨论讨论。

讨论之后，我保证，毛毛虫一定在其中。至此，从“叶子＋叶子”的世界，进入“叶子＋虫子”的世界，角色发生变化，故事也发生变化，顺利导出下面这则微童话。

整形医生

文/陆生作

有条大青虫，最爱吃叶子。叶子们恨它入骨，趁刮风的时候，一起摇动，把大青虫甩到地上。

七天以后，大青虫又爬上了树，自称技术高超的整形医生，把圆脸的叶子整成鹅蛋脸，把鹅蛋脸的叶子修成瓜子脸……受到叶子们的欢迎与尊敬。

现在，好多叶子等着大青虫去整形，大青虫忙不过来，准备带几个徒弟。

读过微童话之后，还可以讨论下，作者是怎么用“虫子整形”这一情节单元的。甚至就整形这个点，可做一些新奇的尝试：把叶子整成一条鱼的形状，行不行？故事又开一片新天地。

第三阶段：夸张想象。

当学生在真实世界与童话世界切换自如后，就可展开夸张的想象。一般说来，小学生还比较难做到这一阶段，但偶尔也会有奇思妙想，所以不要小看他们，也不必抱有太大的期待，只是让他们欣赏极具想象的童话作品。

当然，想象总是源于现实的，源于事物的特点。比如，问同学：叶子有什么特点？会飞。会飞的还有什么？鸟也会飞。鸟与叶子之间有什么联系吗？一般到此，基本卡壳。这时可以出示冰波的《树叶鸟》。

树叶鸟

文/冰波

秋天，树叶干枯了，一片一片往下落，就像鸟儿在飞一样。忽然，就在树叶快要落地的时候，每一片叶子都变成了小鸟。小鸟们飞起来，飞到一个美丽的湖，洗一个澡，拍拍翅膀，然后飞到远方去了。树叶变的鸟，明年会再来，当它们回来的时候，还会回到树叶上，变成一片新树叶。这就是神奇的树叶鸟。

试一试，把鸟换成蝴蝶，叶子换成花朵，这个故事还行不行？我想也是可以的吧。“当我看见落花又回到枝上时，——呵！它不过是一只蝴蝶！”这是一首俳句，可以给我们提供一个童话构思。

在夸张的想象中，还可以出示《桃子秤砣》。

桃子秤砣

文/陆生作

春风轻轻吹来，桃树浑身痒痒。桃花钻出来看，痒得笑红了脸。好心的蚂蚁排着队，在桃树身上爬来爬去挠痒痒。可越挠越痒，桃叶也忍不住钻出来看个究竟。谁知春风带来了暴雨，桃花落了一地，桃树摇摇欲坠，难道要被刮走吗？桃子及时钻了出来，桃树全身挂满了绿色的秤砣，稳稳当当，不怕风雨。

虽然叶子在其中只是占了一个环节，但不妨碍想象的分析：桃叶也忍不住钻出来看个究竟——就像一家人在家，有人敲门，“小白，你出去看看”，小白出去了，没回来；“小黑，你出去看看”，小黑又出去了……有这样子的感觉。

以上内容，就是我用几篇童谣、童话穿起来，假想的一个课堂过程。这只是我个人的一个思维过程。教师也可以用其他方式，去教学生构思童话。而我是按三个阶段走的，觉得这样容易让学生接受，自然进入童话世界。

当然，童话的创意、构思与最后白纸黑字写下来，这中间还是有一段距离的。不是说有一个好的想法、方法，就能写出一篇好的童话，还需要语言表达上的功夫。但是，创意、构思是一个童话的重要前提。

品读微童话

文/陆生作

作家王勇英的微童话《蚂蚁和一粒谷子》留给我很深的印象。

蚂蚁和一粒谷子

文/王勇英

> 小蚂蚁在田边捡到一粒谷子。他大声问:"这是谁掉的谷子?"没有人回答。小蚂蚁就守着这粒谷子,一天又一天过去了,直到谷子发芽,长成禾苗,扬了禾花,又结了一串沉沉的谷穗。后来,小蚂蚁有了一小片禾田。小蚂蚁还在原来捡到谷子的地方守着,等着丢失那粒谷子的人回来,还给他这一片禾田。

故事中包含的不仅是品质,还有季节变化、植物生长的规律,还有未知的等待,余味很足。禾田到底还没还回去啊?不知道。这样就把读者也融进作品中去了,不自觉地有一种代入感:如果我是这只蚂蚁,我会怎么做呢?

所以,建议老师在跟学生分享这则微童话的时候,可以讨论这个故事发展的可能性,从而感受作家是怎么来塑造蚂蚁这个形象的。

1. 小蚂蚁在田边捡到一粒谷子。这时,蚂蚁会怎么办呢?它该怎么办呢?"会"和"该"是不一样的。学生不同的回答,故事就有不同的走向。我记得王安忆说过,写作是一种点化。老师跟学生的对话,要引导开去,要发散开去,教他们怎么样去构思一篇作品,但又要收回来,收在立意上,让他们在作品中感受到一点"正能量",在自己的创作中把"正能量"传递出去。

2. 它大声问:"这是谁掉的谷子?"没有人回答。这时候,小蚂蚁该怎么办呢?这又是一个作品构思上的"岔路口",很有讨论价值的。

3. 小蚂蚁就守着这粒谷子,一天又一天过去了,直到谷子发芽,长成禾苗,扬了禾花,又结了一串沉沉的谷穗。这里就一句话,看似简单,可其中包含了"粒粒皆辛苦",可以说是"尺幅千里",在小处见到了大东西。

上面这三句话,一步一步让蚂蚁的形象丰满起来、清晰起来、凸显出来。但这还不够！最后，还要再上一层楼，点出“还给他这一片禾田”，将人物形象推向极致。同时，它也呼应了开头，突出了蚂蚁的品质。虽然微童话很短，但其间“品质”这条线，一脉相承，且味道越来越浓。

这样的微童话，小中有大，不简单，丰满，有质感，因为它有核心在。写微童话要找到它的核心。

当然要写出《蚂蚁和一粒谷子》这样的作品，对小学生要求高了点。小学低段，能发散开去，写出故事来，自圆其说即可。小学高段，则往思辨方面靠一靠，就是说，你写这则微童话想告诉别人什么东西；再想一想，你写的这则微童话，在真实的生活中有影子吗？

《蚂蚁和一粒谷子》是有生活影子的。童话故事，是童话，但是讲给人听的，必须有人生活的影子与样子。否则，对牛弹琴，有什么意思呢？

后 记

作文难教、难批、难出成效，是一线语文教师的烦恼；为什么写作文、写什么、怎么写，是小学生的忧愁。我们做老师的，心焦啊！为什么一个个眉开眼笑、活泼开朗的可爱孩子在作文面前却似挤瘪了的牙膏、枯萎了的花、出了水的虾？我们必须勇敢啊，面对作文，要不换个角度想一想，换个角度教一教，让学生换个角度写一写？

就这么干吧！

一年前，一群对小学生作文教学有想法、敢尝试的一线教师在网络相聚。大家素未谋面，却拧成了一股绳，因为我们对孩子们的作文有着近乎狂热的爱恋。“微童话”这个充满智慧的家伙，就是在这样的氛围里被大家一遍又一遍地讨论、实践、摸索、认可、呵护的。

其实，早有前辈提出重视童话在小学阶段的独特作用，但他们关注的重点大多为教材的选编或是从儿童心理学的角度探讨其对儿童内心成长的重要性。在不改变教材的前提下，我们从小处着力，把微童话创编作为一种课堂教学常规行为，借助它篇幅短小、可塑性强、想象空间大、与生活结合紧等特点，极大地激发了小学生的写作热情，真是四两拨千斤啊！几乎所有老师在上过第一次微童话课之后，孩子们就追着问：“老师，咱们什么时候再写第二个？”孩子们这份黏糊糊、喜滋滋的爱，是我们在微童话教学这条道路上越走越稳、越走越远的最大动力。

回首一望，一年多的时间，我们认认真真做了教孩子们写微童话这一件事。我们知道激发孩子们的写作兴趣很重要，但是我们明白还有更重要的，那就是怎么样帮助孩子们找到写作乐趣，再将它内化为他们对写作的坚持。有太多兴趣只是一时兴奋甚或是一时头脑发热，太短暂了；唯有乐趣与坚持携手，不知不觉就走到了成功的彼岸。我们做微童话教学不也是这样吗？那时候，大家只是想让我们的作文教学有点新花样，真心诚意、身体力行地为我们的孩子做点实实在在的事，从没想过最后会怎么样，更没想过会出书。如今，大家的努力结集出版，这不能不说是莫大的欣慰和鼓舞。

在编稿过程中，一次次翻看这些熟悉的课堂实录，眼前是热闹的课堂、乐呵呵的孩子和有回味的微童话。从“微童话的主角与配角”到“微童话角色个体的变大变小”，从“微童话构思顺序的倒置”到“微童话不可思议的叙述角度”……我们陪着孩子们一次次溜进童话世界里，一次次臣服于童话的魅力，一次次惊叹于我们自己的想象力与创造力。

我们的初衷，是让孩子们的写作更贴近他们的生活与心灵，写出与童真、想象力相匹配的文字。哪怕只是从一张普通得不能再普通的照片出发，通过老师在课堂上的引导，孩子们也能异想天开，创意无限。曹文轩老师说过：写作，要会无中生有。这不是一个贬义词，而是一个褒义词。因为我们都是人，所以我们应当拥有两个世界。——微童话写作讲究观察与想象的匹配，追求物性与人性的结合，它打开了孩子们的写作之门，展开了孩子们想象的翅膀；它帮助孩子们拥抱了两个世界，而且能够在童话世界与现实世界之间来去自如；它向孩子们提供了学习写作的有效新途径，更让他们体会到了写作带来的精神上的快感。

童话啊，它应该是我们的故乡。

鲁迅先生在《故乡》中写道：“其实地上本没有路，走的人多了，也便成了路。”我们常常在说，教微童话的一线教师多了，微童话教学也便成了路。而这本《换个角度教作文——微童话教学课堂实录》就是我们走来的路，它一头连着我们作文教学的小小故乡，一头通向未来。

真心希望更多教师、家长和孩子能够在这本书中遇见一刹那的火花。这就很好了！童话给大人一把回到童年的钥匙，也让大人理解——孩子们需要在童话中尽情绽放。这就是意义！

房璇　王佳一

2018 年 3 月